中小上場会社の内部統制

実務上の課題と提言

中村 元彦 [編著]
Motohiko Nakamura

Internal control for
small and medium-sized
listed companies

同文舘出版

はじめに

　内部統制報告制度は，有価証券報告書などの開示企業における内部統制の充実を図るために，上場会社に対して2008年4月1日以降開始する事業年度から導入され，制度導入後12年を迎えている。また，2011年3月と2019年12月に基準等の改訂が行われている。2011年3月の「財務報告に係る内部統制の評価及び監査の基準並びに財務報告に係る内部統制の評価及び監査に関する実施基準」の改訂では，中堅・中小上場企業に対する簡素化・明確化が掲げられた。この中堅・中小上場企業は，特に定義は行われず，事業規模が小規模で，比較的簡素な組織構造を有している組織等を対象としている。

　大規模上場企業と中堅・中小上場企業との間に，内部統制の構築・評価における差異があることは一般的に理解されていると考えるが，内部統制が企業の状況等によって異なることから，内部統制報告制度における中堅・中小上場企業に焦点を当てた研究は必ずしも多くない。

　そこで，本書では事業規模が小規模で，比較的簡素な組織構造を有している組織等では，具体的にどの企業が該当しているかが曖昧となるため，中小上場会社として，専任の内部監査人が2名以下の上場企業との設定を行って研究およびヒアリングを行った。売上高や資本金ではなく，このような設定を行ったのは，中小上場会社では全社的な内部統制が重要であり，その中での内部監査人の役割を意識すると，専任の内部監査人が2名以下の企業では組織的な内部監査を実施することが難しいと考えたからである。

　本書では，中小上場会社における内部統制としてどのような課題があるか，また，8社（内，3社は「開示すべき重要な不備」を公表した会社）に対してヒアリング調査を実施し，大規模上場企業と比較して創意工夫を行っている点など，どのような特徴が見られるか検討した。また，紙上パネルディスカッションとして，重要と考えた7つの論点を，中小上場会社の7つの疑問に答えるとして，パネルディスカッションの形式で取り上げている。

本書は，2018年10月に開催された日本内部統制研究学会第11回年次大会における研究部会報告の内容に，その後の研究内容を加筆・修正して取りまとめたものである。また，監査論の学者だけではなく，法的視点も意識して弁護士も参加している。さらに，内部統制の実務上の問題をより掘り下げるために，コンサルティング業務として内部統制の構築に関わったコンサルタントや公認会計士，会計監査業務に関わる公認会計士，内部監査業務に関わる内部監査人も参加している。

本書をまとめる作業において，新型コロナウイルス感染症（COVID-19）が発生し，企業においてもテレワークの対応など業務の見直しが不可避となってきている。この際に，効率化の視点は当然であるが，少なくとも内部統制報告制度の対象となる企業においては，虚偽記載が発生するリスクという観点からも検討しておかなければならない。内部統制の整備・運用は制度で求められているからではなく，企業の維持発展において必要不可欠であるからであり，中小上場会社では大規模上場企業よりも重要であると考えている。

本書によって，中小上場会社における内部統制に焦点が当たり，今後の内部統制報告制度における実務の発展につながることに少しでも役立てば幸いである。

最後に，本書の作成に尽力を賜った本研究部会の先生方に心より感謝を申し上げたい。また，かかる研究の機会を与えていただいた日本内部統制研究学会，さらに，出版に際して献身的にご協力をいただいた同文舘出版の青柳裕之氏に対して心より御礼申し上げる。

2020年9月

執筆者を代表して

中村 元彦

中小上場会社の内部統制◆目次

序　章

問題意識

第1編

第1章

中小上場会社における
内部統制の課題と今後のあり方

第 **2** 章

監査役等から見た
全社的な内部統制の課題

第 *3* 章

内部監査人から見た
全社的な内部統制の課題

第2編

第5章

紙上パネルディスカッション

中小上場会社の7つの疑問に答える

第3編

第6章

中小上場会社における
業務プロセスにかかる内部統制の課題と工夫

第 **7** 章

決算・財務報告プロセスにかかる 内部統制の課題と工夫

第 *9* 章

中小上場会社における
ITへの対応の課題と工夫

付　録

ヒアリング結果

問題意識

序章

1 中小上場会社を対象とした問題意識

1. 日本の内部統制報告制度の特徴

　内部統制報告制度は 2008（平成 20）年 4 月 1 日以後開始する事業年度から導入され，すでに制度が導入されてから 12 年が経過している。2011（平成23）年 3 月に「財務報告に係る内部統制の評価及び監査の基準並びに財務報告に係る内部統制の評価及び監査に関する実施基準の改訂」（以下，「改訂内部統制基準」という）が改訂され，その後は 2019（令和元）年 12 月に内部統制監査報告書の記載区分等の形式面について改訂され，現在に至っている。内部統制報告制度はアメリカの制度を参考として導入されたものであり，2002 年 7 月に成立したサーベンス・オクスリー法（SOX 法）との対比でJ-SOX と言われることが多いが，アメリカでは株式時価総額で区分し，一定規模未満は適用時期を遅らせて適用する予定であったが，延期を繰り返し，結果的には適用が免除されている。

　日本の内部統制報告制度の特徴として，「全上場企業に一律に義務付けられているのは，先進諸国の中でわが国だけである」ことが挙げられる（町田[2020] pp.107-130）。アメリカでの適用延期および適用免除の理由は，「企業のコスト負担が重く，とくに小規模企業の負担が大きいこと」であり（岡村［2015］pp.151-162)，日本の中小上場会社は内部統制報告制度が適用され，内部統制監査も求められるということもあり，適用による一定の負担は生じることになる。ただし，導入の目的である内部統制報告制度のもたらす効果との対比で制度に関して考えることが必要となるであろう。

2. 事業規模の相違による内部統制の相違

　日本においては全上場企業に内部統制報告制度が適用されているが，内部

統制は企業ごとに適した内部統制を整備および運用するものであり，一律に決まるものではなく，当然ながらチェックリストにより確認するものではない。上場会社において，規模の相違があれば内部統制の相違があることは当然であると理解されており，この状況を踏まえて，2011（平成23）年3月の改訂内部統制基準は公表されている。改訂内部統制基準の審議の背景の中で，「中堅・中小上場企業からは，資源の制約等がある中で内部統制報告制度への対応を行っているため，内部統制の評価手続に関する基準等について，中堅・中小上場企業の実態に即した簡素化・明確化等を求める要望等が多く寄せられた。」としており（金融庁［2011a］），この文章からも読み取れる。

　また，金融庁から「中堅・中小上場企業等における効率的な内部統制報告実務に向けて」という副題がついた「内部統制報告制度に関する事例集」（以下，「事例集」という）も2011年3月に公表された。この前文では，「本事例集は，事業規模が小規模で，比較的簡素な構造を有している組織等において，資源の制約等の下，様々な工夫を行い，内部統制の有効性を保ちつつも，効率的に内部統制の評価等が行われていた事例」を実務の参考に提示したことが述べられている（金融庁［2011b］）。さらに，2014年には「金融商品取引法等の一部を改正する法律」により，金融商品取引法第193条の2第2項第4号[1]が設けられ，一定規模に満たない新規上場会社は内部統制監査が免除となっている。このように，負担の軽減による費用対効果を意識した動きが行われたと考えられる。

1　「上場会社等（資本の額その他の経営の規模が内閣府令で定める基準に達しない上場会社等に限る。）が，第二十四条第一項第一号に掲げる有価証券の発行者に初めて該当することとなった日その他の政令で定める日以後三年を経過する日までの間に内部統制報告書を提出する場合」には，内部統制報告書の公認会計士又は監査法人の監査を受けなくてもよい。

3. なぜ中小上場会社を対象としたのか

　今回，中小上場会社を対象とした研究としているが，その背景には本研究に参加したメンバーが持つ2つの問題意識がある。第一は，大規模上場会社における事例発表等の研究に対して，中小上場会社に関する研究はあまり行われておらず，上場会社数は2020年8月時点で約3,700社であるが，新興市場と呼ばれるマザーズやジャスダックの上場会社は約1,000社あり，この研究は有用であると考えたことである。第二は，中小上場会社は大規模上場会社と比較すると，相対的に全社的な内部統制がより重要であると考えられ，たとえば，三様監査における連携等，その実態をヒアリングにより調査することは有用であると考えたことである。さらに，内部統制は決まったものではなく，中小上場会社は組織の資源の制約からも創意工夫が求められると考えられ，この点もヒアリングでの調査が有用と考えた。ヒアリング調査には8社がご協力いただいたが，内3社は財務報告にかかる内部統制の開示すべき重要な不備の開示を行っており，どのような対応をされたかも伺うことができ，大変参考となった。

2 ｜ 中小上場会社をどのように考えるか

1. 大規模上場会社と中小上場会社の検討

　上場会社の内部統制に関して，時価総額等による差があることは，感覚的に理解されているところであるが，大規模上場会社と中小上場会社に分けたときに両者の相違をどのように考えるかについては，われわれの中でも議論が紛糾した点である。内部統制は会社の規模，事業の性質，機関設計その他の会社の個性および特質を踏まえ，会社が必要かつ適切と考える水準で整備するものであり，たとえば売上高で考えた際に，大規模上場会社と中小上場

会社と機械的に区分することは難しいと考えられた。

　上場市場による分類についても検討を行ったが，この区分も同様に難しいと考えた。日本公認会計士協会［2020］での研究報告では，2016年3月期から2020年3月期までの過去5年間における会計不正に関して分析した結果，「上場会社数の市場別内訳の割合と会計不正の市場別内訳の割合が近似しており，会計不正の市場別の発生割合については有意な傾向を観測できなかった。」としている[2]。ジャスダック市場およびマザーズ市場の新興市場では内部統制が弱いという議論を聞くことがある。だが，内部統制の機能として会計不正を防ぐという観点からは，結果としての会計不正の割合において市場別での相違は認められず，内部統制の相違を上場市場による分類に求めるのは適切ではないと考えられる。

2. 内部監査に着目した分類

　そこで，内部統制において基本的要素の1つであるモニタリングの一環を担う職務である内部監査に着目した。内部監査は内部統制の整備および運用状況を検討，評価し，必要に応じて，その改善を促す職務を担っているが，この役割を継続的にかつ有効に機能させるためには，組織として機能する必要があると考えた。なぜならば，内部統制の整備および運用状況の検討，評価は単にチェックリストで行うものではなく，会社の業務や内部統制の理解や評価の能力が求められる。また，経営者や監査役等との適時かつ適切な意思疎通が図られる必要があり，このための能力も求められる。これらを内部監査人個人に依存するのではなく，内部監査部のような組織として情報や経

2　日本公認会計士協会［2020］では，「東証第一部及び東証第二部を「本則市場」，ジャスダック市及びマザーズ市場を「新興市場」とすると，本則市場では，上場会社数の市場別内訳の割合が72.0％であるのに対し，会計不正の市場別内訳の割合が69.9％であり，また，新興市場では，上場会社数の市場別内訳の割合が28.0％であるのに対し，会計不正の市場別内訳の割合は30.1％であった。」としている。

験等を共有できることにより，継続的な内部監査の有効性を維持することができると考えた。

　これは，会計監査人が内部監査を利用する場合でも，有用であると考える。日本公認会計士協会［2019］では，内部監査人の作業が監査に利用できるかを評価する項目として，「内部監査機能が，品質管理を含め，専門職としての規律ある姿勢と体系的な手法を適用しているかどうか。」を規定している。適用指針では例示として，品質管理基準委員会報告書第1号「監査事務所における品質管理」を挙げており，内部監査においても監査法人のような組織的な監査が意識されていると考えられる。

　そこで本研究では，内部監査について，組織として継続的な内部監査の有効性を維持できる会社を大規模上場会社，維持できない場合を中小上場会社と定義することとした。また，組織として継続的な内部監査の有効性を維持できる人数を3名以上としている。これは，内部監査の実施において，監査チームとしての実施者は2名いなければ，経験の浅いメンバーへの訓練や監督が難しいと考えられ，さらに品質管理の観点からは別の者による査閲が実施できることが望ましいことから，組織的な監査の実施のためには3名以上が必要との考えである。そして組織的な内部監査が可能かどうかにより，上場会社における内部統制に相違が生じるという仮定を置いた。このように内部監査の人員が3名以上である場合を大規模上場会社，3名未満である場合を中小上場会社と本研究では区分し，有価証券報告書の情報から中小上場会社として抽出し，うち8社についてヒアリングを実施している。

3 本書の構成

　本書は大きく第1編，第2編，第3編，付録（ヒアリング結果）に分かれている。第1編では総論，第2編は紙上パネルディスカッション，第3編では各論の位置づけとしている。第1編では，第1章で「中小上場会社におけ

る内部統制の課題と今後のあり方」として，内部統制の整備・運用および有効性評価にかかる課題を明らかにするとともに今後のあり方についての提言を行っている。また，連結ベースでの財務報告全体に重要な影響を及ぼす内部統制（全社的な内部統制）に関して，三様監査の観点から検討を行っている。第2章では監査役等，第3章では内部監査，第4章では会計監査人の視点から検討を行っている。

　第3編では，各論として，第6章で業務プロセス，第7章で決算・財務報告プロセス，第8章で子会社管理，第9章でITへの対応について検討を行っている。また，本書の執筆陣として，学者，会計監査人，コンサルタント，弁護士，内部監査人と多様な専門家が参加しており，議論を重ねる中で理論に対する実務での悩みや課題が明らかとなった。そこで，第2編の第5章においては，紙上パネルディスカッションとして，重要と考えた7つの論点を，中小上場会社の7つの疑問に答える形で取り上げた。他の章と異なる対話形式とすることで，読みやすくするとともに誤解を恐れず深い議論を行うことを心がけている。

【参考文献】

岡村雅仁［2015］「米国における内部統制報告制度と監査報酬の情報開示」『県立広島大学経営情報学部論集』第7号，pp.151-162.

金融庁［2011a］「財務報告に係る内部統制の評価及び監査の基準並びに財務報告に係る内部統制の評価及び監査に関する実施基準の改訂について（意見書）」3月30日.

金融庁［2011b］「内部統制報告制度に関する事例集―中堅・中小上場企業等における効率的な内部統制報告実務に向けて―」3月31日.

日本公認会計士協会［2019］監査基準委員会報告書610「内部監査の利用」6月12日改正.

日本公認会計士協会［2020］経営研究調査会研究資料第7号「上場会社等における会計不正の動向（2020年版）」7月15日.

町田祥弘［2020］「内部統制報告制度の効果に関する研究（1）」『会計プロフェッション』第15号，pp.107-130.

第 1 編

中小上場会社における内部統制の課題と今後のあり方

┌─ **本章のPOINT** ─────────────────────────

▷ 内部統制は，そもそも企業が自らのニーズと責任において自律的に整備・運用すべきものであるから，中小上場会社ゆえの強みを活かした内部統制の整備・運用および評価上の工夫を模索すべきである。

▷ 内部統制は業務と密接不可分の関係にあるため，業務手続および業務プロセスを常に見直すことで業務そのものの効果と効率の向上を図りつつ，同時に業務に組み込まれた内部統制の合理化，ひいては内部統制評価の合理化を目指すという考え方が重要である。

▷ 中小上場会社における内部統制をより効果的かつ効率的なものとするためには，①全社的な内部統制の重視，②内部通報制度の強化，③財務報告に限定した内部統制から広義の内部統制へのシフト，④成熟度モデルの導入，⑤自己点検の活用，⑥アシュアランスマップの導入による有効性評価などの方策がある。

第**1**章

1 ｜ 課題の解決に向けて

　金融商品取引法に基づく内部統制報告制度は，その導入の当初より，制度対象となる会社に過度な負担をかけないような設計がなされてきた。その後，2011年の「財務報告に係る内部統制の評価及び監査の基準・同実施基準」（以下，「内部統制基準」という）の改訂に伴い，中小上場会社（「内部統制基準」では中堅・中小上場企業という）に対するより一層の簡素化・明確化が図られてきたところである。

　本章では，内部統制報告制度における中小上場会社の内部統制の整備・運用および有効性評価にかかる課題を明らかにし，今後のあり方について若干の提言を試みたい。

2 ｜ 内部統制の負担軽減の意味

1. 内部統制の本来の意味に立ち返ることの重要性

　中小上場会社においては，内部統制の整備・運用を統括する専任の役員を置くことが困難であり，その有効性評価についての専門知識を持つ専任者の確保がままならないといった現実がある。内部統制の重要なモニタリング機能を担う内部監査人が存在しない，あるいは他の業務との兼務を避けられないといったこともある。このような人的資源上の制約が内部統制の不備につながってくる可能性は否定できない。

　しかしながらその一方で，小規模ゆえの強みを活かした内部統制の整備・運用および評価上の工夫は可能であろう。実は，この点にこそ内部統制の本質的な意味が隠されている。内部統制というのは，そもそも企業が自らのニーズと責任において自律的に整備・運用すべきものである。コストと手間

ばかりがかかるといった声は，内部統制にどのような効果が期待されるのかという必要性が曖昧であり，上場会社として内部統制にいかなる責任を負うべきかという認識の欠如によるところが少なくない。

とりわけ内部統制の整備・運用については，「内部統制基準にこう書かれているから」という後ろ向きの姿勢であってはならない。このような姿勢が形式主義の風潮を生み，創意工夫のチャンスを逃していることを忘れてはならないであろう。そもそも本制度は，すべての上場会社にまったく同じ内部統制を求めているわけではない。

このようにいうと，「内部統制基準に準拠しないと監査が通らない」といった反論が出てきそうである。監査である以上，明確な判断尺度が必要であるが，実質的な監査判断こそが求められているはずである。もし，実態を無視した機械的で形式的な監査に陥っているとすれば，監査人側にも問題があると言わざるを得ない。

当研究グループが行ったヒアリング調査においてみられた特筆すべきコメントに，次のようなものがある。従業員が少人数ゆえのこともあるかもしれないが，「何のために内部統制が必要なのかを全従業員が日常的に意識して行動できている」との感想である。その背景には，仕事で何かミスが生じたときには内部統制の見直しを行うという経営者の姿勢があり，また内部統制に関する社外の研修には必ず複数の従業員が関与するという体制があるということである。このように，小規模な組織であればこそ，内部統制の意味や重要性を全従業員に浸透させることができている好例もある。

2. 制度運用上の負担軽減をどう考えるべきか

2011年改訂の「内部統制基準」前文では，「簡素化」「明確化」といった言葉が躍っている。簡素化とは，とりわけ内部統制の有効性評価について，本来すべき作業を省略したり，その範囲を縮小したりすることを意味するものといってよいであろう。一方，明確化というのは，「内部統制基準」の規定

上，曖昧さがあったものをはっきりとさせ，複数の解釈が出ないよう，また誤解が生じないようにすることと理解できる。とりわけ中小上場会社に関しては，その実態に即した運用と，企業の成長性にブレーキをかけないようにするための負担軽減という目的が「内部統制基準」改訂の背景にあった。

このような制度運用に関する負担軽減を考える際，①内部統制の整備・運用にかかる負担軽減と，②内部統制の有効性評価にかかる負担軽減を区別することができる。「内部統制基準」では，企業において可能となる簡素化・明確化（中小上場会社に限定されない見直し）として，全社的な内部統制の評価範囲・評価方法，業務プロセスにかかる内部統制の評価範囲・評価手続，サンプリング，持分法適用会社にかかる評価が挙げられていることから，内部統制の有効性評価に焦点を当てた簡素化・明確化であることがわかる。

また，中小上場会社に独自の簡素化・明確化についても同様であって，業務プロセスの評価手続，代替手続の容認，評価手続などにかかる記録および保存といったように，内部統制の有効性評価の簡素化・明確化である。

このように，「内部統制基準」でいう簡素化・明確化は，もっぱら上記②の内部統制の有効性評価にかかる負担軽減を意図したものとなっている。

ところが，見落としてはならないのが，上記①の内部統制の整備・運用にかかる負担軽減という観点である。内部統制は業務に組み込まれて機能するものであって，内部統制それ自体が存在意義を持つことはない。このことは，次の簡単な例で説明できる。たとえば，出金伝票では，伝票連番が付され，承認印が求められるが，これらが内部統制としての統制活動である。この機能は，出金の日付，金額，相手科目の正確性・妥当性などを確認するために存在するものであって，伝票連番と承認印はなくても，日付，金額，相手科目があれば会計処理は可能である。つまり，日付，金額，相手科目が結果的に正確かつ妥当なものであれば，伝票連番と承認印はあってもなくても同じということになる。

内部統制それ自体が意味を持つことがないというのは，このようなことか

らきている。また，業務と内部統制は密接不可分の関係にあることから，業務手続および業務プロセスが簡素化されれば，そこに組み込まれた内部統制も簡素化されることになる。

　会社の規模が小さければ業務も簡素であるとは単純にいえないが，中小上場会社ゆえの小回りのよさと人的資源の不足を逆手にとり，IT を活用した業務の統合化などによって，より有効かつ効率的な業務手続と業務プロセスを構築することが，結果として内部統制の整備・運用の負担軽減にもつながってくるであろう。

　制度を前提とした内部統制では，もっぱら財務報告の信頼性確保が目的となる。COSO［2013］では，旧版で見られた「財務報告目的」を，「報告目的」としてその範囲を拡張した点にも着目する必要がある。外部財務報告目的のみならず，外部非財務報告目的（統合報告など），内部財務報告目的（部門別予実報告など），内部非財務報告目的（品質管理状況報告など）が含まれることを明確にした。

　このような範囲拡張は，内部統制が組織内の意思決定に有用な情報提供を担保してくれることを期待させるという意味で，いわゆる「やらされ感」を払拭するのに意味があるかもしれない。また，やや飛躍した議論かもしれないが，内部統制は財務報告の信頼性確保よりも，むしろ非財務情報の信頼性確保との親和性が高いのではないかという考え方もできるように思える。内部統制には，業務の有効性と効率性向上という目的もあるからである。内部統制の整備・運用に際しては，このような業務の有効性・効率性向上目的と報告の信頼性確保目的を融合させる思考こそが，内部統制の整備・運用をより効果的なものとするのではないだろうか。

　このように，業務との関係において内部統制を捉えることで，内部統制の整備・運用が合理化されれば，内部統制の有効性評価も合理化されるというロジックで考えることができそうである。とりわけ中小上場会社においてこの点が重視されなければならないであろう。また，「内部統制基準」でいう簡素化・明確化というのは，あくまでも制度運用上のルールの簡素化・明確

化に過ぎず，形式主義からの脱却，さらには企業独自の創意工夫がその本旨になければならない。

3 　中小上場会社における創意工夫

　金融庁が公表した「内部統制報告制度に関する事例集」（金融庁［2011b］）を通読してみると，中小上場会社では，内部統制の整備・運用にかかる負担軽減よりも，内部統制の有効性評価にかかる負担軽減が重視されているのがわかる。この点は「内部統制基準」にみる負担軽減と同じである。

　当該事例集に収められた各種事例を俯瞰すると，①内部統制の有効性評価の範囲縮小や前年度評価の活用などを通じて評価を効率化する事例と，②業務手続や業務プロセスを見直すことによって有効性評価を効率化する事例に大別できそうである。

　そこで，ここまで述べてきた業務の見直しとの関係の重要性に着目して，②の事例を手掛かりとしつつ，単に内部統制の有効性評価の効率化という側面だけで見るのではなく，内部統制の整備・運用との関係を踏まえて代表的な事例を紹介したい。

事例その1　親会社への権限集中

　親会社による中央集権的な観点で企業集団を運用することで，すべての子会社に共通の方針や手続を確立し，それによって企業集団の内部統制の整備状況を統一した事例である。整備状況を統一することによって，全社的な観点で評価が求められる決算・財務報告プロセスにかかる内部統制の運用状況評価という手間のかかる評価を親会社のみに集中させることができた（金融庁［2011b］事例2-2）。

　これと同様の事例として，システムの開発・保守，外部委託にかかる契約などのいわゆるIT全般統制と重要なIT統制の整備・運用を親会社に集中さ

せることで，IT 全般統制のみならず IT 業務処理統制の整備・運用を親会社のみで実施することが可能となった事例もある（金融庁［2011b］事例4-1）。

当研究グループが行ったヒアリング調査においても，子会社も親会社と同一の規程を適用したり，同一のシステムを導入したりすることで，親会社に内部統制の整備・運用を統一化させ，結果として有効性評価の効率化も図っている事例が見られた。

事例その2 業務プロセスの統合

新たな取引については既存の業務フローに沿った処理を行い，また既存の取引については，複数の業務プロセスの統合を行うことで，業務プロセス評価の効率化に成功した事例である。証憑や IT システムの共通化を図ることで，内部統制の整備・運用が共通化でき，それによって従来別々に有効性評価していた業務プロセスをあわせて評価できる。また，複数部門にまたがる業務プロセスについては，プロセスオーナーを指名することで部門間の責任の押しつけ合いの回避を図り，評価も効率化できたという。また，同一の業務プロセスに統一できない場合には，計算や転記の回数を減らすなどの業務プロセスの簡素化を図ることで，有効性評価も効率化できた（金融庁［2011b］事例3-1）。

当研究グループが行ったヒアリング調査においても，管理職全員が内部統制プロジェクトチームのメンバーに指名されている事例が見られた。これも，部門横断的な対応に向けた1つの工夫といってよいであろう。

事例その3 統制の組み合わせの工夫

リスクと統制を個別的に対応づけるのではなく，リスク，統制の種類，およびリスクに対応する重要な統制上の要点（実在性，評価の妥当性，期間帰属の適切性）を組み合わせて整備・運用することで，評価範囲を絞り込むという事例である。

少額の売上取引が大量に発生する企業において，当該取引についてシステ

ム化が十分でないという前提で，①日常的取引に関する統制手続であって，実在性，評価の妥当性，期間帰属の適切性に対するリスク低減効果が低い統制，②日常的取引に関する統制手続であって，実在性および評価の妥当性に対するリスク低減効果は低いが，期間帰属の適切性に対するリスク低減効果が高い統制，③特定のリスクに対応する統制手続であって，実在性および評価の妥当性に対するリスク低減効果が高い統制，といったように統制の内容を類別化して，重要性と発生可能性を考慮した統制手続を整備・運用することで，②および③の統制手続についてのみ運用テストを実施するように効率化した（金融庁 [2011b] 事例 3-8）。

　不正が発覚した場合はもちろんのこと，監査人から不備を指摘されると，もっぱら内部統制の強化という対応に傾斜しがちとなる。しかしながら，内部統制の水準は一旦引き上げてしまうとそれを引き下げることがきわめて難しいという特質を持つ。それゆえ，上記で述べたような，親会社への権限の集中，業務プロセスの統合，あるいは統制手続の組み合わせの工夫など，まずもって組織構造や業務の見直しなどの工夫を考えてみる姿勢が重要であろう。

4 中小上場会社における開示すべき重要な不備の特質

　日本公認会計士協会が公表している監査・保証実務委員会研究報告第32号「内部統制報告制度の運用の実効性の確保について」（以下，「研究報告32号」という）によって，内部統制報告書において開示すべき重要な不備を開示している会社の比率を見てみると，東証１部以外の上場会社は，東証１部上場会社の約２倍となっている。

1. 開示すべき重要な不備の原因

　開示すべき重要な不備の原因を東証1部以外の上場会社と東証1部上場会社とで比較すると，**図表1-1** のようになる。

　これを手掛かりとして大きな特徴を拾ってみると，次のような点が指摘できる。

　第1に，不正の主体を経営者によるものと従業員によるものとで比較してみると，経営者による不正は，東証1部以外の上場会社（54％：31％＋23％）の方が東証1部上場会社（41％：12％＋29％）に比べてやや高い。このうち，親会社経営者による不正について見てみると，東証1部以外の上場会社（31％）は，東証1部上場会社（12％）に比べて約2.5倍と際立って高い。中小上場会社の場合には，オーナー経営者ないしは創業経営者によるいわゆるワンマン経営を背景とした不正が起こりやすいことを示している。

　なお，この点に関し，「研究報告32号」によれば，事例として多いわけではないものの，東証1部以外の上場会社では，不正な財務報告（粉飾決算）

図表1-1　開示すべき重要な不備の原因比較

	東証1部以外の上場会社	東証1部上場会社
不正　合計	70件	49件
親会社経営者	22件（31％）	6件（12％）
子会社経営者	16件（23％）	14件（29％）
親会社従業員	27件（39％）	12件（24％）
子会社従業員	5件（ 7％）	17件（35％）
誤謬　合計	53件	35件
業務プロセス	15件（28％）	12件（34％）
決算・財務報告プロセス	38件（72％）	23件（66％）

注：カッコ内の比率は，不正または誤謬ごとの内訳比率である。
出所：「研究報告32号」p.4およびp.5の年度ごとの表の数字を累計して要約。

のみならず，オーナー経営者などによる資産の流用に起因した開示すべき重要な不備が含まれているという。また，主要3勘定以外の不正事例については，親会社または子会社の経営者による内部統制の無効化事例が多いともいう（p.43）。

第2に，不正の主体として従業員によるものだけに着目してみると，東証1部以外の上場会社では，親会社従業員によるもの（84%：27件÷（27件＋5件））が子会社従業員によるもの（16%：5件÷（27件＋5件））よりも際立って高い。これは，中小上場会社の場合には，子会社数も相対的に少なく，その規模や業務もそれほど複雑でないことが想定されるものの，まずもって親会社における内部統制の整備・運用自体に弱点を抱えていることが読み取れそうである。

この点に関し，「研究報告32号」では，架空仕入などの典型的な手口の多くは，従業員による私的横領であることが指摘されている。しかも，人材不足に起因するものが多く，職務分掌が徹底していなかったり，長期間にわたってローテーションが実施されていなかった事例があるという（pp.5-6）。

翻って，誤謬の原因について見てみると，業務プロセスにかかる誤謬は東証1部上場会社の方がやや高く，一方，決算・財務報告プロセスにかかる誤謬は東証1部以外の上場会社の方がやや高い。

この点に関して，「研究報告32号」によれば，東証1部以外の上場会社の場合，業務プロセスにかかる誤謬については，新しく始めた事業や新規取引における規程等の未整備が指摘されている。また，決算・財務報告プロセスでは，監査人からの指摘によって発覚する事例が多く，かつ特定の担当者に依存しているという属人的な原因による事例が見られるという（p.6）。

2. 具体的な不備事例

「研究報告32号」によれば，とりわけ新興企業で見られた開示すべき重要な不備は，①経営者のコンプライアンス意識の欠如，②人材不足を主たる原

因とした基本的な内部統制の未整備，③企業規模の急速な拡大に内部統制の整備が追いつかないといったことに起因しているという（p.20）。

「研究報告 32 号」に基づいて，新興企業における開示すべき重要な不備事例に関する特徴的なケースを，全社的な内部統制の不備事例と業務プロセスおよび決算・財務報告プロセスの不備事例とに分けて拾ってみると次のようになる（pp.20-22）。なお，中小上場会社に固有の特徴というわけではないが，全社的な内部統制の不備がその根本にある場合が多く，業務プロセスないしは決算・財務報告プロセスにかかる内部統制の不備のみを識別している事例は少ないという（p.34）。

①全社的な内部統制の不備事例

- 管理部門の担当取締役がいない事例
- 内部監査担当者が社内の状況を把握できていない事例
- 各取締役が自己の管掌する部門に関する審議にしか関心がないことにより，会計処理の適切性に関する審議がなされていない事例
- 社内手続を遵守する意識が希薄な事例
- 役員および従業員の会計処理に関するコンプライアンス意識が欠如している事例

②業務プロセスおよび決算・財務報告プロセスの不備事例

- 注文書や契約書等の作成方法等について社内規程が整備されていない，または周知されていない事例
- 会計処理に必要な証憑を経理規程等で規定していない事例
- 売上計上に必要な証憑の入手についての社内規程が存在しない，または徹底されていない事例
- 仕訳データの上書き修正ができることを認識していなかった事例

これらの不備事例からも，全社的な内部統制については，人的資源の制約

のみならず，組織構成員の意識の問題が横たわっていることがわかる。また，業務プロセスおよび決算・財務報告プロセスについては，規程の不備といった内部統制のイロハができていないケースが目を引く。内部統制の有効性評価を効率化する以前の問題として，内部統制の整備・運用をいかに徹底するかという問題がある。

5　中小上場会社の内部統制のあり方についての若干の提言

1. 全社的な内部統制の重視

　「内部統制基準」で，「組織構造が相対的に簡易な場合には，全社的な内部統制の重要性が高くなることがある」（実施基準Ⅱ3.(2)③）と記述していることからも明らかなように，中小上場会社では，全社的な内部統制の整備・運用をまずもって重視することが肝要である。

　すべての中小上場会社の組織構造が簡易であるとは限らないが，経営者の影響力が強い中小上場会社においては特に重要であろう。その意味で，内部統制の構成要素の中でも，統制環境に関係する全社的な内部統制を整備・運用することが優先されるべきである。トップダウンアプローチを前提とすることから，このような全社的な内部統制を第一に整えることが，業務プロセスの効果的で効率的な整備・運用につながってくる。

　したがって，経営者が率先して，財務報告にかかる内部統制の役割を十分に認識し，適切な経営理念と倫理観に基づいて社内制度を整備・運用し，ルールを逸脱した行動には適切な是正措置がとられる仕組みを構築することが何よりも重要である。そのための前提として，リスクに敏感な組織風土の醸成も必要であろう。

　その一方で，先に明らかにしたように，中小上場会社では経営者による不正が相対的に多いことからも，経営者に対する規律付けというガバナンスの

視点が重要となる。

2. 内部通報制度の強化

　すでに明らかにしてきたように，中小上場会社における内部統制の不備の根本原因に，人材不足がある。したがって，内部統制の構成要素のうち，情報と伝達に位置づけられる内部通報制度を導入・強化することが，ある意味手軽な解決策の1つとなる可能性がある。

　消費者庁が公表している「平成28年度　民間事業者における内部通報制度の実態調査報告書」によれば，不正発覚の端緒は，内部通報が58.8％と圧倒的に高く，次いで内部監査が37.6％，上司による日常的なチェックが31.5％と続く。

　内部通報制度は，経営者不正はもとより，従業員による不正の発見のみならず不正の抑止にも効果的なものである。中小上場会社にあっては親会社従業員による不正が相対的に多いことからすれば（前出の**図表1-1**を参照），取引先などからの通報も受けやすくするような仕組みを取り入れるとよい。内部通報制度は，財務報告にかかる不正はもとよりコンプライアンス違反など幅広い不正の発見につながるようなヒヤリハットを摑むためにも意味がある。

　それゆえ，目標達成に関係するパワハラや職場内の人間関係についての不満や不安なども，可能なかぎり丁寧に取り扱うことが大切である。

3. 財務報告に限定した内部統制から広義の内部統制へのシフト

　内部統制は，適正な財務報告目的だけでなく，業務目的，コンプライアンス目的もある。極端な場合，「財務諸表は適正に作成できました。しかしながら，コンプライアンス違反が発覚し会社が左前になりました」というのでは，何のための内部統制かわからなくなる。内部統制には業務を有効かつ効

率的に遂行するための仕組みもあることを忘れるべきではない。

　業務が有効かつ効率的に行えることで，無理な業務執行が減少し，それが結果として財務報告の信頼性に役立つということもある。中小上場会社では，財務報告目的に限定した内部統制の制度対応で手一杯であるという話を聞く。それは逆であって，規模の小さな会社ほど，内部統制をトータルに捉えることで，複数目的の相乗効果が期待できるのではないだろうか。

4. 成熟度モデルの導入

　中小上場会社では，一般に，個々の内部統制の不備に対応することで精一杯であることが多いように見受けられる。

　しかしながら，上記3で述べたように，内部統制の目的をトータルに捉えた場合，とりわけ中小上場会社では，全体として内部統制の水準を徐々に引き上げていくアプローチが効果的なように思える。そのためには，**図表1-2**にイメージしたように，目標水準を設定し，リスクの大きい業務上のポイントや統制手続が極端に弱いところを潰しながら，段階的に全体水準を上げていく成熟度モデルの考え方が参考となるであろう（堀江［2006］）。

　このように段階的に内部統制の整備・運用を図る考え方は，**図表1-3**に示

図表1-2　内部統制の成熟度モデルのイメージ

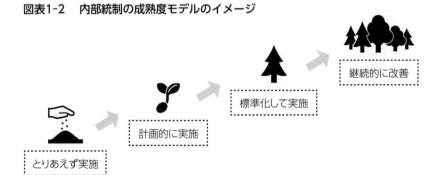

継続的に改善

標準化して実施

計画的に実施

とりあえず実施

出所：筆者作成。

図表1-3　内部統制の発展的考え方

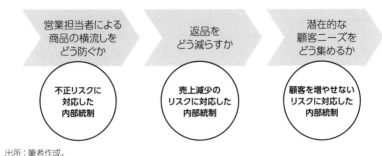

出所：筆者作成。

すように，内部統制を具体的な業務と結びつけて発展的に進化させていく考え方にもつながる。

5. 自己点検の活用

　上記1から4までは，内部統制の整備・運用に関する提言であるが，内部統制の有効性評価においては，各業務部門での自己点検を重視することが効果的かつ効率的なアプローチとなり得る。企業構成員が自発的に内部統制の質の向上を図ることが何よりも重要となるが，そのためには，全構成員を内部統制の有効性評価においてもうまく巻き込むことである。

　まずもって，どこにどのようなリスクがあるかについて，経営者に対するアンケートやヒアリングと，あわせて従業員に対するアンケートやヒアリングを行うことで，経営者が対処すべきリスクと業務現場で対処すべきリスクを明らかにすることができる。のみならず，業務現場で対処すべきリスクが経営者の対処すべきリスクへと連鎖することが明らかになることもある。

　このようなリスク評価の結果を反映した内部統制の自己点検を行うことで，経営者および従業員がリスクやその変化に敏感になり，教育的な効果も生まれる。座学による全社研修よりも，効果的な方法となり得るように思える。特に自己点検が形式的にならないような工夫として，リスクの変化とリ

スクの連鎖に焦点を当てるとよい。

　さらに，中小上場会社ゆえの工夫として，業務をまたいで参加者を募ったワークショップ型の自己点検も効果的であろう。この方法によれば，リスクを業務横断的に把握でき，業務横断的に見た場合の内部統制の不備なり弱点が明らかになるというメリットが期待できる。販売プロセスにかかる内部統制の不備なり弱点が，他の業務プロセスに起因していることがわかる場合もあるだろう。このように，ワークショップ型の自己点検は，参加者に対するリスク感性を高める効果も期待でき，人員不足を補う効果的な評価方法となるのではないだろうか。

6. アシュアランスマップの導入による有効性評価

　中小上場会社においても，内部統制報告制度における内部統制の有効性評価以外に，部門管理者によるレビュー（第1ライン），リスク管理部門等によるリスク管理の有効性評価（第2ライン），ISO認証にかかる内部監査さらには内部監査部門による監査（第3ライン）等々，さまざまな部門または階層でアシュアランスが行われている。

　それらの間で調整がされないと同一あるいは類似のアシュアランスが重複して行われ，現業部門ではアシュアランス疲れが起こり，また経営者もアシュアランスの結果を効果的に活用できないといった事態が想定される。そこで，リスクとアシュアランス実行部門の実効性に基づいて，アシュアランスの適切な組み合わせを考える場合に利用できるのが，**図表1-4** に例示したようなアシュアランスマップである（堀江［2017］；PwC［2013］）。

　たとえば**図表1-4**の例を使って，制度で要請される内部会計統制について見てみると，内部統制評価機関の実効性が高いことから，現業部門における管理者によるレビュー結果の再評価を中心とする。一方で，IT管理については実効性が弱いのであるから，情報セキュリティ管理部門の評価結果を活用したり，あるいは協働で評価したりするようにする。その上で，内部監

図表1-4　アシュアランスマップの例

	第1ライン		第2ライン				第3ライン
	担当者によるレビュー	管理者によるレビュー	リスク管理部門による評価	内部統制評価機関による評価	情報セキュリティ管理部門による評価	品質管理部門による評価	内部監査部門による監査
内部会計統制		△/大		◎/大			○/大
IT管理			△/中	△/中	◎/中		△/中
品質管理			◎/大			◎/大	
顧客管理	◎/中	○/中					◎/中
環境管理		○/小					◎/小

・
・
・

注：1. 網掛けのセルは現在行われているアシュアランス活動を示し，そのうち濃い網掛けのセルが主たるアシュアランス活動であることを示している。
　　2. 各部門におけるアシュアランス活動の実効性は，「◎（高）」，「○（中）」，「△（低）」で表している。また，リスクの大きさは，「大」，「中」，「小」で表している。
出所：堀江 [2017] p.9の図を修正の上転載。

査部門がそれらを鳥瞰的にレビューするといったような工夫である。

　中小上場会社では，最低限の制度対応という姿勢で，内部統制の整備・運用やその有効性評価をいかにして簡素化するかという後ろ向きの姿勢ではなく，制度対応を前向きに捉え，業務手続および業務プロセスを再整備し，業務自体の不備や非効率をいかに削減するかという視点で考えていくことが肝要であろう。

　また，内部統制には，不正や誤謬の予防・摘発機能だけでなく，第一線の営業担当者に販売・在庫情報を適時に伝達するといった機能も含まれることを再認識し，内部統制が持つブレーキ機能だけでなくアクセル機能にも十分に着目することが，結果として不適切な財務報告の未然防止にもつながって

くるであろう。業績が落ち込んできたり，組織構成員の意識がバラバラになったりすることが，財務報告にかかる不正誘発の引き金となることが多いからである。

6 制度が抱える課題と若干の提言

　中小上場会社に限った傾向ではないが，開示すべき重要な不備の半数程度が過年度における不適切な会計処理が発覚したことによる訂正有価証券報告書の提出に伴って報告されている現実がある（「研究報告32号」p.2）。これは，結果として不適切な会計処理が明らかになったことから，内部統制の重要な不備がその原因となっているという論理からきている。確かに，財務報告における重要な虚偽の表示が顕在化したり，監査人からの強い指摘でもないかぎり，経営者は内部統制に重要な不備があるとの判断を下すことが難しいのは想像にかたくない。

　とはいえ，内部統制に開示すべき重要な不備があってそれが不適切な会計処理に結びつく可能性が高い場合と，上記のように結果から内部統制に開示すべき重要な不備があったと判断する場合とは，明確に区別して開示されることが望ましい。なぜならば，そもそも内部統制報告制度は，投資者に対して，リスクとそれに対する対応（内部統制）の適切性に関する情報を提供することにその趣旨があるからである。

　したがって，内部統制に開示すべき重要な不備があって，それが不適切な会計処理に結びつく可能性についての開示こそが重視されるべきだと考えられる。両者を「開示すべき重要な不備」という用語で一括りにするのではなく，用語を使い分けるというのも意味があるように思える。

　また，2018年の「監査基準」の改訂により，財務諸表監査にかかる監査報告の透明化が図られたが，その内容は監査人が監査の過程で認識したリスクについての情報開示である。このような情報開示こそ，内部統制報告制度に

おいて導入されるべき考え方といえないだろうか。内部統制の最終責任者は経営者にほかならず，認識されたリスクに基づいた内部統制の構築または再整備が必要となることからも，経営者が作成・公表する内部統制報告書において，経営者が内部統制の有効性評価に際して認識したリスクを開示させるということも意味があると思う。

　今日のように事業環境の変化が激しい時代ではリスクは常に変化するものであり，それに対する経営者としての対応を投資者に対して適切に開示することこそ重視されるべきであろう。そのような視点を経営者に強く意識してもらうことにも大きな意味があるように思うのである。それが，内部統制の整備・運用とその有効性評価の形式化・形骸化を避けることにもつながるのではないだろうか。

［参考文献］
COSO［2013］*Internal Control-Integrated Framework.*（八田進二・箱田順哉監訳［2014］『内部統制の統合的フレームワーク』日本公認会計士協会出版局）
PricewaterhouseCoopers（PwC）［2013］*Combined Assurance Practical Approach and Reporting Key Learning's*, PwC.
金融庁［2011a］「財務報告に係る内部統制の評価及び監査の基準並びに財務報告に係る内部統制の評価及び監査に関する実施基準の改訂について（意見書）」3月30日.
金融庁［2011b］「内部統制報告制度に関する事例集―中堅・中小上場企業等における効率的な内部統制報告実務に向けて―」3月31日.
日本公認会計士協会［2018］監査・保証実務委員会研究報告第32号「内部統制報告制度の運用の実効性の確保について」4月6日.
堀江正之［2006］『IT保証の概念フレームワーク』森山書店.
堀江正之［2008］「内部統制の構成要素としての統制環境の意味」『會計』第174巻第4号，pp.129-141.
堀江正之［2017］「統合アシュアランスのあり方に関する序論的検討―内部監査の関与を中心として―」『産業経理』第76巻第4号，pp.4-13.

監査役等から見た全社的な内部統制の課題

本章のPOINT

▷ 情報収集体制の拡充として，①会社内で開かれる重要な会議に出席できる体制の整備，②リスクアプローチの観点からのリスクの抽出，③経営者との定期的な面談・協議，④社外取締役による積極的な情報収集等を図る。

▷ 監査人との連携・協議として，①監査役等監査報告を記載するためのコミュニケーション，②必要なリテラシーの向上・収集，③法令・定款違反等が疑われる重大な疑義を認知したときの有事対応，④日本監査役協会，日本公認会計士協会が公表している指針・報告書等を研究すること等が重要。

▷ 内部監査部門との連携として，①内部監査部門の監査の活用，②ダブルレポート体制の整備，③内部監査部門の独立性を確保する仕組みの構築を行う。

▷ 内部通報について公益通報者保護法の改正やガイドライン等を参考として通報しやすい仕組み作りを行う。

▷ 監査役が備えるべき能力として，事業の理解力・問題把握能力，経営判断を理解し取締役の職務執行をモニタリングできる資質・能力に加え，財務・会計の専門的知見も望まれる。また能力維持ために継続的に教育等を受けることも望ましい。

第**2**章

1 法的な意味での全社的な内部統制と分析・検討の観点

　「全社的な内部統制」とは，会計・監査論では，企業全体に広く影響を及ぼし，企業全体を対象とする内部統制であり，具体的には，経営者の姿勢そのものや，経営者がポリシーや倫理を浸透させるために，全社員向けに作った規程（ルール）等がそれに該当すると理解される。また，議論の焦点は，「財務報告に係る内部統制の評価及び監査に関する実施基準」（以下，実施基準という）の「参考1」に例示されている42項目を用いながら，全社的な内部統制の整備・評価を行うことに置かれている。

　これに対し，会社法や金融商品取引法（以下，金商法という）等の法律論での「全社的な内部統制」は，通常，会計・監査論とは異なる意味で論じられていると考えられる。

　すなわち，会社法では，内部統制を会社の事業規模や特性等に応じて会社の業務全般が効率的かつ適法に行われるようにするための仕組みと捉え，取締役は，取締役会の構成員としての監視・監督に関する善管注意義務の一環として，内部統制を構築・運用する義務を負担することを所与の前提として会社法・施行規則において規律を設けている（大会社である取締役会設置会社の取締役会の内部統制体制の整備につき会社法362条4項6号，同5項等，事業報告での決議内容の概要，運用状況の開示につき会社法施行規則118条2項等）。また，金商法では，有価証券報告書提出会社のうち，上場会社が提出する有価証券報告書の発行会社等は，当該会社の属する企業集団および当該会社の財務計算に関する書類その他の情報の適正性を確保するために必要な体制を評価した内部統制報告書および有価証券報告書の記載内容が金商法に基づき適正であることを確認した旨を記載した確認書も有価証券報告書と一緒に提出することが求められ（金商法24条の4の4，24条の4の2），監査法人による監査証明が必要とされる（金商法193条の2・2項）。ここから明らかなとおり，金商法では内部統制は取締役が善管注意義務を果たしてい

るかを開示するルールと捉えられる。

このように，法律（学）での（全社的な）内部統制は，業務の適正確保体制（会社法），開示統制と一体の会計内部統制（金商法）を含み，コーポレート・ガバナンス，すなわち，会社経営の適法性を確保し，収益性を向上させるために会社経営者に適切な規律付けを働かせる仕組みとほぼ同義で用いられている。

法的な意味での「全社的な内部統制」を上記のように捉えた上で，重要なのはどのようにして「全社的な内部統制＝コーポレート・ガバナンス」を十全に発揮させることができるかであるが，これは次の5つの観点から分析・検討を行うことが有用と考えられる。

第1に，「独立性」，すなわち，監督機関は，監督対象から独立していることが必要である。第2に，「情報の収集」，すなわち，独立性と情報とはトレードオフ関係にある（独立性を確保するとその分，会社の情報に疎くなる）ので，監督機関のもとに会社内部の情報が集まる仕組みが必要となる。第3に，「能力」，すなわち，独立性を確保し，情報を収集することが可能となっても，集まった情報を分析・活用し，不正の兆候を認知できる一定の専門的な知見を身につけることが求められる。第4に，「権限の強化」，すなわち，独立性を確保し，情報を収集して専門的知見をもって分析・活用して不正の兆候を認知し得た監督機関にとって，監督権の実効性を確保する法律上の権限が法律上明確になっているだけでなく，権限を滞りなく行使するための社内体制を整えることが必要である。第5に，「インセンティブ」，すなわち，監督機関が適時的確に監督権限を行使するインセンティブを設定する（インセンティブがないと仕組みは画餅に帰してしまう）ことである。

監査役・監査委員・監査等委員（以下，監査役等という），監査役会・監査（等）委員会（以下，監査役会等という）も，監督機関である以上，上記の5つの観点から分析・検討することが有用であると考えられる。本章では，第2，第3の観点に絞って全社的な内部統制を発揮させるための基本的な方針の検討，課題に言及する。

2 「情報収集」（情報収集体制の拡充・強化）の 観点での検討

1. 会議への出席等による情報の収集と非常勤者との共有等

　情報収集の拡充・強化をどう図るかである。監督機関であり，業務執行に
かかわらない監査役等が情報を確実に収集できる機会は，会社内で行われる
さまざまな会議（①常務会，経営会議などの経営に関する重要会議，②執行
役員や部門長を対象とした事業の執行状況に関する会議，③部門長が出席す
る部門内会議，④コンプライアンス委員会，リスク管理委員会，（取締役候
補者を対象とする）指名委員会，（執行役員以下を対象とする）人事委員会，
報酬委員会，内部統制委員会等の各種委員会，⑤関係会社の決算説明会，⑥
内部監査部門の監査報告会等）であり，これらの会議やミーティングに出席
して職務を遂行する必要な情報を収集することが必要最小限の前提条件とな
る。

　そこで，第1に，監査役等が上記の会議に出席しようと思えば出席できる
体制を整備することが要請される。もっとも，実際には，監査役等がさまざ
まな会議に出席することを執行部門が必ずしも歓迎しない会社があり，さら
に，過去の会計不祥事事案にかかる調査報告書や裁判例等で窺われることで
あるが，監査役等に秘密裡にして会議を開催するような極端なケースもあ
る。これでは，情報を収集する十分な機会が保障されない事態になりかねな
い。このような状況に監査役等はどう対処すべきか。監査役等には，会社法
で，取締役の「職務の執行」，すなわち取締役が取締役としての地位に基づ
き行うすべての行為（業務執行に限られない）を対象として，「監査」を行
い（会社法381条1項），取締役の職務の執行の監査を遂行するために，取締
役・使用人等に対して事業の「報告」を求める権限（同条2項前段）と会社
の「業務及び財産の状況」を「調査」する権限（同条2項後段，3項）が認
められ，報告請求権が実効性を伴うように，内部統制体制の決定事項とし

て，取締役等が監査役等に報告するための体制その他監査役等への報告に関する体制が規定されている（会社法施行規則100条3項3号等）。また，監査役等は，その職務を適切に遂行するため，取締役，会計参与および使用人との意思疎通を図り，情報の収集および監査環境の整備に努めなければならないとされる（会社法施行規則105条2項1号）。コーポレートガバナンス・コード（2015年6月1日，2018年6月1日改訂。改訂後も内容が同じ場合も含め，以下，CGコードという）原則4-13でも，監査役等は役割・責務を果たすために，能動的に情報を入手し，必要に応じて会社に追加の情報提供を求めるべきであること，また，会社は人員面を含む監査役等の支援体制を整えるべきであることが謳われている。

　監査役等は，上記のような，会社法上監査役等に与えられた権限や，経営陣が整備することが求められる監査役等への報告体制，CGコードが推奨する監査役等の支援体制を背景として，執行部門とのコミュニケーションを通じて，監査役等の職務の重要性およびその職務を適切に遂行するために会議に出席することが不可欠であることを執行部門に認知させるとともに，監査役等が出席しようと考えれば，あらゆる会議に出席できる体制や環境が整備されるように尽力する必要がある。その場合，社外監査役等を含めて監査役会として，あるいは非業務執行役員である社外取締役と連携し，協働して執行部門とコミュニケーションをとることも検討すべきであろう。

　第2に，監査役等が会議に出席し，提出された資料や交わされた議論を聞くだけでは，必ずしも適時・適切な質および量の経営情報を得られない場合がある。監査役等は，出席した会議・入手した資料をもとにリスクアプローチの観点からリスクの抽出を行い，それらの情報に過不足がないかを判断し，不足すると思われる情報があれば，役職員に対する報告請求や，業務および財産の状況に関する調査を行うなどして，必要と思われる情報の拡充を図ることも要請される。適時・適切な質および量の経営情報を入手することにあわせて，取締役会での充実した討議を行うため（監査役等としては取締役会で職務を適切に遂行するため），適切な質および量の経営情報を遺漏なく

網羅した資料が作成・配布されるよう執行部門に要請することも有用である。

　財務諸表の虚偽記載との関係でいえば，特に，財務諸表における重要な虚偽記載リスクを検出しやすいような（気づきやすくなるような）項目や記述の工夫を求めることも肝要である。たとえば，財務諸表における重要な虚偽記載が生じやすい勘定科目である「売上高」，「売上原価」，ならびにその勘定科目に直接関連する「売掛金」，「棚卸資産」について（3年分程度の比較ができることが望ましいが，準備する側の負担を考慮して少なくとも）前期の実績，期中実績，生産・事業計画とそれぞれを比較した推移を，遅くとも月次報告の資料に記載するやり方を定期的に実行することが，具体例の1つとして考えられ，実効性も期待できる。2019年1月31日，開示府令の一部を改正する内閣府令が公布・施行され，2020年3月31日以後終了する事業年度にかかる有価証券報告書から，①「経営方針，経営環境及び対処すべき課題等」，②「事業等のリスク」，③「経営者による財政状態，経営成績及びキャッシュフローの状況の分析」（MD&A）の記述情報について，経営者の認識や考え方も打ち出して，わかりやすく記載することが求められるようになった。経営者は，「企業の経営成績等の状況に重要な影響を与える可能性があると認識している主要なリスク」について，リスクマップの作成・改訂を行い，実効的な開示を行う必要があり，監査役等との協議がより重要になったといえる。

　第3に，経営側の取締役との定期的な面談・協議を行うことは，重要な会議で報告等がされていないが重要な情報を入手でき，また，経営側が重要と認識していなくても，同業他社での不祥事事例を契機に自社に関するリスクを再検証したり，監査役等が持つ情報と総合すると重要であると判断される場合も考えられるなど，監査役等にとって，必要な情報を直接入手できる重要な機会となる。代表取締役との面談では，全社的な課題や，監査役等が実施した監査結果に基づき総括し，経営側に指摘した課題についての経営側による対処についての確認や意見交換等を行う。財務担当取締役との面談では，経理財務面での懸念や検討事項，取締役会で承認ないし報告事項とされ

る四半期報告や決算短信等での気づき等を中心として，確認や意見交換等を行う。業務担当取締役とは，代表取締役や財務担当取締役ほど頻度は高くはなくても，1年に1，2回程度は，担当業務についての課題等について積極的な意見交換等を行うことが実効的な監査を行うためには有用である。

　第4に，社外監査役等も，重要な社内会議等に出席して情報収集を図ることに努めるべきであり，少なくとも，リスクアプローチの観点からリスクを抽出するために必要あるいは有用な会議（リスク管理委員会等）には積極的に出席することが望ましいと考えられる。しかしながら，それ以外の重要会議にすべて出席することは必ずしも容易ではなく，現実的には，常勤監査役等が収集・認識している情報に依存する部分が多い。そこで，常勤者である監査役等は，これらの情報を常勤ではない監査役等とも共有し，状況を把握し，報告請求，調査を行うなど，実効的な監査を実施し，あるいは取締役会の開催される以前の段階で，監査役会等で議論することが求められる。また，監査役等と同じく非業務執行役員でありながら，社外取締役は監査役等と異なり，経営会議，常務会等の社内の会議に参加する機会もほとんどなく，常勤監査役等を通じて取締役会の開催前に情報を共有する機会が確保されていない。会社法上はもとより，実務上も，社外取締役には，事前に十分な情報が提供される仕組みが提供されていない場合が少なくないように思われる。そこで，その仕組みの代替手段として監査役等や監査役等のスタッフが社外取締役に情報を提供するか，社外取締役に監査役等が協議する場（監査役会等）にオブザーバーとして出席してもらい，監査役会等を通じて問題点を把握した上で，取締役会に臨んでもらうという仕組み・運用も考えられる。

2. 監査人との連携

　次に，監査人との連携を通じた情報の収集が不可欠である（なお，会社法では「会計監査人」，金商法では「監査人」と表記すべきであるが，「会計監査人監査」という表現や，会計監査人という用語が表題に用いられている場

合等を除き，以下，監査人という）。

　監査役等は，最終的に，会計監査人監査の相当性を判断した上で，期末の監査役監査報告に反映し，株主に提出する義務があるため，監査役等と監査人との具体的な連携は不可欠と考えられる。具体的な連携として，監査役等は，期初に，監査人との間で監査計画を話し合い，当該事業年度に重点的に監査を行う必要がある項目を確認し合い，必要に応じて，監査人に同行して棚卸立会やシステム監査を実施することを検討することもあり得る。また，監査人が取締役や執行役員等との面談・ヒアリングを希望したいとの申し出があれば，監査役が調整して場を設けることも必要であり，期末には会計監査報告の内容の通知を受ける権限もある（会社法施行規則130条）。監査役等は，監査人が取締役の不正行為や法令・定款違反の重大な事実を発見したときは，報告を受けたり，報告を請求したりする権限がある（会社法397条1，2項）。

　また，「監査における不正リスク対応基準」の策定を受けて改訂された監査基準（2013年3月改訂）には，監査役は不正リスクに対応するため，監査人との連携は年間を通じて定期的に行う必要性が指摘されている（監査基準第三　実施基準一　基本原則7）。こうした監査人との連携・協議により，重要な虚偽記載リスクに対する監査役のリテラシーの向上や収集できる情報の充実が期待される。

　さらに，金融商品取引法上，2021年3月期から，監査人が監査の過程で監査役等と協議した事項の中から決定した「特に注意を払った事項」のうち，職業専門家として「特に重要であると判断した事項」を「監査上の主要な検討事項」（KAM）として監査報告書に記載することが要求されることとなった。監査役等にとっては監査人と協議した事項の一部が監査報告書に記載される。

　監査役等は，監査人によるKAMの選定過程で，監査人との協議と平行して経営・執行部門とも協議し，KAMが適正かつ円滑に決定されるよう努めることが求められる。また，監査人がKAMを記載するにあたり，企業に関

する未公表の情報を含める必要があると判断した場合には，監査役等も監査人との協議を踏まえ，追加の情報の開示や，注記事項等の追記等を経営者に促す役割を果たすことが期待される。その一方で，監査人が過度に保守的なスタンスで，「特に注意を払った事項」からの絞り込みを行わずにKAMとして決定しようとする場合は，経営・執行部門と協働して適正な絞り込みを行うよう監査人に働きかけることも考えられ，そのような場面でも監査人との信頼関係に立って協議できる関係の構築に普段から努めることが，従来より一層重要となる。

また，会社法上における監査役等の監査報告への記載は求められてはいないものの，監査人の監査報告書にKAMが記載されれば，KAMの相当性も含めて監査人の監査の方法を評価する必要が生じ，株主総会でKAMの有無を含めた質問にも対処を求められることが予想される。

このような法制度上の関係等から，監査役等と監査人との連携は重要であり，監査役等は，監査人との連携やコミュニケーションを通じてさまざまな情報を収集することが必要である。

さらに，監査役等にとって，このような平時における連携等や，KAMの決定までのコミュニケーションのみならず，取締役の不正行為や法令・定款違反が行われたことを疑わせる重大な疑義（red flag：危険信号）を認知した場合，監査役等は，監査役会等の場で十分に審議・協議した上で，モードを切り替えた深掘りした調査（いわゆる「有事」における連携）を行い，必要に応じてさらに調査し，不正・違法な事実を確認した場合は，取締役に対して必要な対応を促したり，是正措置を講じる等の行うべき義務を善管注意義務の一環として負担している。重要なのは，監査人が上記のような不正，法令・定款違反を疑わせる重大な疑義を認知したときに，速やかに監査役等にそれを伝える仕組みや関係が構築されていることである。

監査役等と監査人との連携の必要性・重要性は，監査役等・監査人側の双方において認識されており，監査役等と監査人との連携にも言及したさまざまな指針・報告等が，日本監査役協会および日本公認会計士協会から，それ

ぞれあるいは共同で公表されている。

　日本監査役協会が公表したものとしては、「会計監査人との連携に関する実務指針」（平成 18 年 5 月 11 日、同 30 年 8 月 17 日最終改正）、「法令違反等事実又は不正の行為等が発覚した場合の監査役等の対応について―監査人から通知等を受けた場合の留意点―」（平成 24 年 4 月 20 日）、「会計不正防止における監査役等監査の提言―三様監査における連携の在り方を中心に―」（平成 28 年 11 月 24 日）等があり、日本公認会計士協会が公表したものとしては、「会計士監査の充実に向けての提言」（平成 9 年 4 月 24 日）、「不適切な会計処理が発覚した場合の監査人の留意事項について」（平成 24 年 3 月 22 日）、監査基準委員会報告書 260「監査役等とのコミュニケーション」（平成 23 年 12 月 22 日、令和 2 年 8 月 20 日最終改正）等があり、共同して公表したものとしては、「企業統治の一層の充実に向けた対応について」（平成 24 年 3 月 29 日）、「監査基準の改訂及び監査における不正リスク対応基準の設定に関する意見書の公表に伴う監査役等と監査人とのより一層の連携について」（平成 25 年 4 月 1 日）、「監査役等と監査人との連携に関する共同研究報告」（平成 17 年 7 月 29 日、同 30 年 1 月 25 日最終改正）等がある。

　これらの指針・報告等は、監査役等・監査人に、どのように行動するかについて基本的な行動準則・基本方針を示し予測可能性を確保することに資する反面、「監査役等とのコミュニケーション」の「Ⅱ　要求事項」のように、監査人が遵守しなければならないとされる事項が定められているもの（遵守しない場合は善管注意義務違反を問われやすく、また、金商法の損害賠償責任の免責事由である「相当な注意を用いた」とはいえないと認定される可能性が高まる）や、「会計監査人との連携に関する実務指針」の「第 3　金商法における監査人との連携」頭書部分の「意見交換に努めなければならない。」のように、法的な義務ではなくても、一定の努力義務を監査役等に課す事項が定められる等、監査役等と監査人とのコミュニケーションを実効的に促進する規定が盛り込まれていることに留意が必要である。監査役等から監査人に対する情報発信が少ないことはすでに指摘されていることであるが、監査

役等は，監査役等が認識・収集した情報のみならず，後述する「3. 内部監査部門との連携」によって認識・収集した情報をも総合して，監査人に必要・有用と考えられる情報を積極的に提供し，監査人とのコミュニケーションの実効性を高めることが必要であろう。監査役等にとっても，このような監査人とのコミュニケーションを踏まえて，リスク項目に対する執行部門の統制方法の監査を監査役等監査の重点項目の1つとすることが望まれる。

　監査役等が職務を実効的に果たすためには監査人との連携が重要であることを考えると，監査役等と監査人との連携は，運用面で不断の工夫を通じて，強固なものとすることが有益であろう。たとえば，監査役等は，監査人と定例的に監査の実施状況の報告や意見交換を行う際，特に，以下の点に留意すべきである。1つは，監査人と経理・財務部門で意見等に相違がある点の有無に留意して状況を適時的確に把握し，相違がある点について，監査人の意見に合理性があると判断した場合には，それを経理・財務部門にフィードバックして，経理・財務部門に対する確認・調査を行うことである。もう1つは，監査役等も，業務監査を通じて不安や疑義等を感じた事象があれば，監査人に説明し，当該事象につき会計監査の観点から問題がないかをチェックしてもらうことである。これらを間断なく実行していくことが，平時における監査人との信頼関係を醸成し，連携のチャンネルを実効的かつ強固なものとすることにつながり，それが有事における監査人との連携にも威力を発揮することが期待できるのではないかと考えられる。

　なお，監査役等には，監査人の報酬の同意権が付与されており（会社法399条），会社法上の公開会社の場合は，事業報告に報酬同意理由を開示することが規定されている（会社法施行規則126条2号）。そのため，執行部門が作成する報酬案（報酬を減額するインセンティブが働きがちとなる）を無条件に受け入れるのではなく，経理・財務部門の意見と監査人の要望との双方の意見を聴取し，監査人の監査業務に対する評価を踏まえて，報酬案の妥当性について，執行部門から法的に独立した立場で同意の有無を判断することが要請されている。監査役等が，監査人にも公正・公平な視点で執行部門

が作成する報酬案の妥当性を検証することが監査人にも伝わり，理解が進めば，それが会計監査人との信頼関係を深化させる契機ともなり得ることも指摘しておきたい。

3. 内部監査部門との連携

　第3に，内部監査部門との情報の共有も重要である。内部監査は，効率的な経営目標の達成度チェックだけでなく健全経営（合法性・合理性）の監督機能をも担う制度である。また，内部監査は，内部統制を支え，モニタリング機能を十全に発揮させる仕組みとして，不正を実効的に抑止するためにもその充実は不可欠である。特に，監査役等にとって，会計監査分野以外の業務監査の分野では，社外の資源はなく，内部監査部門との連携が重要である。

　もっとも，独立したガバナンス機関である監査役等とは異なり，内部監査部門は，組織上，最高経営者に直属し，報告のルートも主に最高経営者への報告になっている実例が多く，そのような状況で，内部監査部門に経営者からの独立性をどのように担保するかが重要な課題となる。

　この点，内部監査基準は，①内部監査部門は，組織上，最高経営者に直属し，職務上取締役会から指示を受け，同時に，取締役会および監査役(会)または監査委員会への報告経路を確保すること，②内部監査部門長は，内部監査の結果を，最高経営者，取締役会，監査役(会)または監査委員会，および指摘事項等に関し適切な措置を講じ得るその他の者に報告しなければならないことを定めている。

　内部監査人協会（IIA）の「専門職的実施の国際フレームワーク」（IPPF）や「1110 独立性と客観性」の解釈指針等国際基準では，より詳細な規定を定めている。すなわち，内部監査部門の独立性を保つため，取締役会に職務上（functionally）報告を行うこと，内部監査部門長が，少なくとも年1回，内部監査部門の組織上の独立性の確保について，取締役会に報告（report）

することを規定している。また，組織上の独立性を有効に確保するための「取締役会の職務上の指示・報告」の例として，①内部監査基本規程を承認すること，②リスク・ベースの内部監査部門の計画を承認すること，③内部監査部門の予算および監査資源の計画を承認すること，④内部監査部門の計画に対する業務遂行状況およびその他の事項について内部監査部門長から伝達を受けること，⑤内部監査部門長の任命や罷免に関する決定を承認すること，⑥内部監査部門長の報酬を承認すること，⑦不適切な監査範囲や監査資源の制約が存在するかについて判断するために，経営管理者および内部監査部門長に適切な質問をすることを掲げている。さらに内部監査部門長は，取締役会に対し直接かつ制約なくアクセスでき，報告・意思疎通ができるとしている。

　わが国の上場会社では，業務執行にかかわらない，社外・独立取締役が過半数を占める締役会を設置する会社の割合はそれほど高いとはいえない（経営陣と従業員との強い連続性・一体性，あるいは経営陣との強い利害関係等から，経営者との意見対立が生じた場合に対峙できない可能性のある取締役の割合が多い）。このように取締役会による監督機能が十分に発揮できる体制が整っているとはいえない場合は，監査委員会・監査等委員会あるいは監査役（会）へのデュアルレポートルートを確保するとともに，IPPFや解釈指針を踏まえて内部監査の人事等（特に部門長の任命・解任）や内部監査規程の承認に監督機関である監査役等が関与する仕組みや，内部監査部門が策定する監査計画や内部監査部門の予算等を取締役会の承認ないし報告事項とすること等の検討が重要である。

　もっとも，人事・予算について直接決定できる権限を持たない監査役（会）に内部監査部門の人事・予算への関与を認めることに慎重な見解が根強くある。また，監査役の有する報告徴求権や業務・財産調査権（会社法381条）は内部監査部門にも及ぶが，その範囲は一義的に明確とはいえないため，内部監査部門が監査役等の補助使用人でない場合は，実務上，監査役等が内部監査部門に対し，適切な指示・承認を行うことは容易ではない。したがっ

て，実務上の対応としては，内部監査部門を補助使用人とするか，内部統制基本方針として，監査役等が内部監査部門に対し指示・承認できること等を定めることが現実的な選択肢であるが，さらに，内部監査規程に監査役（会）は内部監査部門に報告を求め，指示ができることを明記し，人事等（特に部門長の任命・解任）や内部監査規程の承認に監督機関である監査役等が関与すること等を明記する等して，内部監査部門との連携を積極的に図ることが重要と考えられる。

　さらに，上記のような仕組み等が導入した上で，監査役等が内部監査部門から報告を受けて指示をするだけでなく，監査役等が監査活動を通じて収集・取得した情報のうち内部監査部門と共有することが有用と考えられる情報を監査役等の側から内部監査部門に提供して情報を共有してコミュニケーションを図り，監査役監査，内部監査に有意に利用することが肝要である。このようにして監査役等と内部監査部門との信頼関係が醸成・維持され，協働・連携が実現される。CGコード補充原則4-13③が監査役等と内部監査部門との連携の確保を会社に求めているのは，このような文脈の中で捉えられるべきであり，監査役等による内部監査部門との連携・情報共有が実効的に行われることが肝要である。

　さらに，IIAは，3つのディフェンスラインを，複雑な組織構造を持つ現代の企業の構造とのギャップを解消し，激変するリスク環境にも対応できるように柔軟性を持たせる等の目的で，改訂プロジェクトを進めていたところ，2020年7月20日に新しい3ラインモデルを公表した。新モデルは，①ガバナンスとリスクマネジメントに焦点を移し，②ガバナンス機関（governing body）は組織の方針を定め，最高経営者に組織の目的達成の責任を委ねる，③最高経営者は1線と2線の役割を柔軟に設定し組織を運営する，④3線（内部監査部門）は，最高経営者からの独立性を維持しつつ，最高経営者の信頼するアドバイザーとしてまた戦略上のパートナーとしてアシュアランスとアドバイスを提供する，⑤3線はガバナンス機関の監視・監督下でガバナンスの構造と手続が適切に設定され，運営されているかを確認

する，⑥ガバナンス機関，最高経営者，内部監査部門はそれぞれ異なる責任を有するが，3機関の役割は互いの協力と対話を通じて適宜調整されるべき，としており，内部監査部門も，従来のディフェンスモデルとは異なる位置づけが与えられる。監査役等は，監査役（会）が新しい3つのディフェンスラインモデルにおいても，ガバナンス機関（governing body）の役割を果たすことが認知され，内部監査との協働・連携を図るよう，不断の努力が求められる。

4. 公益通報者保護法改正を踏まえた 内部通報制度の見直し・積極的な活用

　第4に，内部通報制度の積極的な活用も，監査役等にとっては欠かせない。KPMG FASやPwCが上場企業を対象として継続的に実施している不正サーベイ調査（最新版は各々2019年版，2020年版）によると，不正発見の端緒（発見経路）として内部通報が大きな比重を占めている。

　内部通報制度は，このように，情報の入手ルートの1つとして重要であるだけでなく，早い段階で不正の芽を摘み，不正を行うインセンティブを減殺する役割を果たしている。また，リスクコントロールの有用な手法として，コンプライアンス経営を実現するためのインフラツールとしてもきわめて重要な制度である。内部通報制度に関しては，実施基準Ⅰ2（4）③が，「組織の情報と伝達及びモニタリングの仕組みの1つとして」内部通報制度に言及している。また，会社法は施行規則で報告をしたことを理由に不利な取扱いを受けないことを確保するための体制の整備を求め（2015年改正会社法施行規則100条3項4号ロ等），CGコードも，法令等遵守体制の充実を図る観点から，内部通報（公益通報者保護法の要件を満たさないものも含む）に関する適切な体制を整備し運用状況を監督することを謳っている（コーポレートガバナンス・コード原則2-5，補充原則2-5①）。企業は，自社の役職員が自発的・積極的に違法・不正に関わる情報を通報できるような制度として通報制度を設計・構築・運用するためには，通報者の立場が確実に擁護される

ことが担保されるための仕組みといえるかという観点から検討することが重要である。

　しかし，現実には，公益通報者保護法や内部通報制度を信用して通報した者が必ずしも適切に保護されない実態が生起している。英国の公益開示法を参考として2004年6月に制定され，2006年4月1日から施行されている公益通報者保護法が通報者を十全に保護することができない脆弱性を抱えていることが通報者の通報意欲を減退させ，違法・不正行為が早期に明るみにならない現状を招く要因となっていることも認識されている。

　しかし，本年6月8日に成立し同月12日公布された，公益通報者保護法の一部を改正する法律（以下，「改正法」という）は，英国の改正公益開示法やEUの公益通報者保護指令（「連合法の違反について通報する者の保護に関する欧州議会及び理事会の2019年10月23日指令」）等のグローバルスタンダードな法的枠組みと比べるとまだ課題が残されているとはいえ，通報者保護の脆弱性のゆえに通報者の通報意欲が高まらず，企業の違法・不正行為が早期に明るみにならないという現行法の問題点は，相当改善されたといえる（衆参両院の特別委員会の附帯決議において，改正法附則5条に基づく施行後3年を目処とする見直しに当たり，①行政処分等を含む不利益取扱いに対する行政措置・刑事罰の導入，②立証責任の緩和，③退職者の期間制限，④通報対象事実範囲，⑤取引先事業者等による通報，⑥証拠資料の収集・持ち出し行為に対する不利益取扱い等の検討が求められている）。

　改正法は，(1) 通報対象事実を過料の制裁を伴う場合にも拡大し（2条3項）(2) 常時使用する労働者数が300人超の事業者に対し，公益通報（3条1号，6条1号所定の内部通報を含む）に適切に対処するために必要な体制の整備等を義務付け（11条2項。以下，「体制整備義務」という），その実効性を担保するために行政措置（助言・指導，勧告及び勧告に従わない場合の公表，行政措置）を導入した（15条，16条）。(3) また，公益通報対応業務に従事する者（受付，調査，是正措置等の各業務毎に従事者が定められる。以下「業務従事者」という）の指定を義務付け（11条1項），業務従事者には

通報者を特定させる情報の守秘を義務付けるとともに（12条），通報者の不利益取扱いを防止するための要となる守秘義務の遵守を担保するため，守秘義務違反に刑事罰を科す規定を定めた（21条）。(4) 改正法は，通報者の範囲をこれまで保護の対象とされていなかった，取締役・監査役等の「役員」にまで広げ，取締役・監査役として通報対象事実の調査・是正のために必要な措置をとることに努めた上で，外部に対する 2 号・3 号通報ができるとした（ただし，例外的に調査是正措置を前置しないで通報できる場合も定めている）。

　監査役等は，改正法の趣旨や改正法が内部通報制度にもたらすことが予想される影響等を踏まえ，社内の通報体制の見直しが適正に行われるか，また，見直しした制度が実効的に機能するかなどを注視し，通報制度が期待されている役割を十全に発揮するよう能動的に働きかけることが求められる。このようにして改正法を契機に改定される内部通報が監査役等にとって，情報の収集のためのツールとして積極的に機能することが期待される。

3 ｜ 「能力」の観点

　次に，「能力」の観点での分析・検討である。入手した情報を分析・検討し，不正の疑義・兆候（財務諸表の虚偽記載との関係の文脈では，財務諸表における重要な虚偽記載リスクである危険信号）を的確に認知できる「能力」を備えた人材が監査役等に就任することは，財務・会計面での不正リスクを減少させ，不正を行うインセンティブを削ぐことも期待できる。また，形式的・表層的な評価・監査になりがちな「統制環境」を実質的に深堀りした評価・監査をすることにもつながる。

　問題は，監査役等にどのような「能力」を期待するかである。この点につき，財務・会計等の業務経験を有する者でよいか，業務経験に加えて会社全体の経営および財務状況の把握・分析等や会計監査人監査による監査につい

ての知見を有することが必要か，さらには公認会計士等の会計プロフェッションであることが必要かといったことが議論されている。

　わが国でも，2014年会社法改正の中間試案に対する意見として，少なくとも1名の財務・会計または監査に関する専門的な知識・経験を有する者を構成員とすることが提唱されていた（日本内部監査協会法令等改正対応委員会「会社法制見直しに関する中間試案に係る意見書」(2012年1月31日公表) p.3）。会社法の改正では採用されなかったが，CGコード原則4-1で，「財務会計に関する適切な知見を有している者」が1名以上選任されるべきことが規定された。

　米国では，監査委員会の構成，役割，責務ならびにそれらの開示等の規律が，1934年証券取引所法，2002年サーベンス・オックスリー法 (SOX法)，SEC規則ならびに各証券取引所規則により規律が定められているが，SECレギュレーションS-Kは，コーポレート・ガバナンス開示の1つとして，監査委員会のフィナンシャル・エキスパートと取締役会が判断するメンバー（少なくとも1名）の開示等が求められている (SEC Regulation S-K, Item407)。さらに，ニューヨーク証券取引所 (NYSE) 規則で，SOX法407条の下，開示義務を通じて，事実上，監査委員会の各委員は財務の基礎知識があること，また，最低1名は会計または関連する財務管理の専門的知見があることが求められている (NYSE Rule 303A.06, 303A.07)。

　英国では，UKコーポレートガバナンス・コードが監査委員の最低1名が身につけるべき財務の知見を重視し，2016年改訂で「財務の能力」の文言に変更した点が注目される。

　わが国でも，資本市場を揺るがしかねない重大な会計不祥事が相次いで表面化したことを契機に，財務・会計の専門的知見を有する会計プロフェッションが監査役等に就任することの必要性が改めて認識されるようになった。このような背景を踏まえ「スチュワードシップ・コード及びコーポレートガバナンス・コードのフォローアップ会議」の提言を受けて，2018年6月，CGコード原則4-11が，監査役等には「適切な経験・能力及び必要な財

務・会計・法務に関する知識を有する者」が選任されるべきであることを追記し，1 名以上選任されるべき者を「財務会計に関する十分な知見を有している者」との文言に改訂された。

　この問題は，監査・会計，内部監査，内部統制，監査法人の評価等の多様な内容が含まれる業務監査を監査役等，監査役会等がどのように実効的にカバーするかという観点から論じられるべきであろう。この観点からは，さまざまな事業の理解力・問題把握能力を持ち，経営判断の意味を理解し，客観的・中立的な立場から取締役の職務の執行をモニタリングできる資質・能力を備えていることが必要である。また，現在のビジネスでは，財務・会計の実務でも専門化・複雑化が進み，「収益認識に関する会計基準」「収益認識に関する会計基準の運用指針」（企業会計基準第 29 号，第 30 号。2020 年 3 月 31 日改正），さらには KAM の適用等が企業に相当な影響を及ぼすことが想定されるなど，今後，企業経営にとって財務・会計にかかる専門的知見の重要性がますます高まることなどを考えると，財務状況の把握・分析等や会計監査人監査による監査についての知見を有することも必要であろう。さらに会計プロフェッションの資格まで求めるかという点では，監査役等に限定せず，経営層を含めた取締役会の構成員のうち少なくとも 1 名が就任することが，公正な資本市場の信頼を確保するためには望ましいと考えられる。

　また，就任時の「能力」を就任期間中，維持・ブラッシュアップしさらに深めるためには継続的にトレーニングや研修を受講すること等も欠かせない。ただ，トレーニングの方針の開示（CG コード補充原則 4-14 ②）を通じて会社（執行部門）から一定の協力を期待し得るとはいえ，個々人の監査役等の自主的な取り組みに委ねることは限界がある。法定の監督機関であり，ガバナンスの担い手としての職責を果たす監査役等が，上記のような「能力」を習得・維持するため，規制当局や取引所とも連携しながら横断的な仕組みを導入することも必要である。英国の取締役協会（UKIoD：Institute of Directors）は，常にトレーニングを積んでいなければ職責は果たせないとの認識に立って，取締役に多様な教育プログラムやトレーニングコースを用

意し，試験に合格した者にディプロマを付与しているが，監査役等につい
て，わが国の法や監査・会計に適合したものも検討されるべきである。

[参考文献]

上村達男 [2015]「新たな時代における監査役の役割」『監査役』第 643 号，pp.4-13.

遠藤元一 [2020]「不正会計に対して取締役はどう対処すべきか―JDI 第三者委員会報告書を題材に取締役の行動準則を考える」『NBL』1176 号，pp.11-20.

遠藤元一 [2019]「内部監査の法的検討―定義・独立性」『早稲田法学』第 94 巻第 3 号，pp.79-121.

柿﨑環 [2017]「内部監査の独立性と上場会社のコーポレート・ガバナンス」『現代監査』第 27 巻，pp.58-67.

河村賢治 [2008]「AIM の規制システム」『証券経済研究』第 64 号，pp.124-125.

金融庁 [2007]「財務報告に係る内部統制の評価及び監査の基準並びに財務報告に係る内部統制の評価及び監査に関する実施基準の設定について（意見書）」2 月 15 日.

金融庁 [2013]「監査基準の改訂及び監査における不正リスク対応基準の設定について」3 月 13 日.

金融庁 [2018]「監査基準の改訂に関する意見書」7 月 5 日.

KPMG [2019]「【経営 Topic ④】日本企業の不正に関する実態調査」『KPMG Insight：KPMG Newsletter』Vol.37.

CIA フォーラム研究会報告 [2016]「監査役会と内部監査部門の理想的な関係」『月刊監査研究』第 506 号，pp.50-64.

高田晴仁 [2016]「監査役制度の変遷―ガバナンスの歴史は取締役会改革へ !?」『企業会計』第 68 巻第 8 号，pp.1039-1047.

東京証券取引所 [2018]「改訂コーポレートガバナンス・コード」.

得津晶 [2016]「会社法上の監査概念について―三種類の監査機関の妥当性監査権限」『法学』第 80 巻第 4 号，pp.405-453.

日本監査役協会 [2016]「会計不正防止における監査役等監査の提言―三様監査における連携の在り方を中心に―」11 月 24 日.

日本監査役協会 [2018]「役員等の構成の変化などに関する第 18 回インターネット・アンケート集計結果（監査役（会）設置会社版）」4 月 27 日.

日本内部監査協会 [2012]「会社法制見直しに関する中間試案に係る意見書」1 月 31 日.

PwC [2020]「経済犯罪実態調査 2020（日本企業数)」.

内部監査人から見た
全社的な内部統制の課題

┌─• **本章のPOINT** •─────────────────────────

▷ 内部監査は, 法令に基づく監査ではない。しかし, 金融商品取引法に基づく内部統制報告制度において, 内部監査は, 内部統制の一構成要素として独立的評価の機能を有するとともに, 経営者評価を担う場合もあり, 同報告制度において不可欠な機能として, きわめて重要な役割を有している。

▷ 内部統制報告制度において, 内部監査人が全社的な内部統制を評価するためには, ガバナンスに関する知識をはじめ, 会計, 業務, IT, 組織運営, さらには経営に関する大局的かつ幅広い知識が求められる。

▷ 中小上場会社においては, 全社的な内部統制の評価において求められる知見の棚卸を行い, 十分な知見が確保できない場合には, 日常的モニタリングとバランスをとり, 補完関係を考慮して対象範囲を決定するとよい。

▷ 中小上場会社にあっては, 経営者が内部監査に強くコミットすることで, 内部監査の独立性を確保でき, また内部監査人の技能向上という好循環を生むことができる。

第 3 章

1 │ 内部監査と内部統制

1. 内部監査の定義と内部統制評価の基本的視点

　日本内部監査協会の「内部監査基準」では，「内部監査の本質」として，次のように述べている。実質的には内部監査の定義といってよい。

　「内部監査とは，組織体の経営目標の効果的な達成に役立つことを目的として，合法性と合理性の観点から公正かつ独立の立場で，ガバナンス・プロセス，リスク・マネジメントおよびコントロールに関連する経営諸活動の遂行状況を，内部監査人としての規律遵守の態度をもって評価し，これに基づいて客観的意見を述べ，助言・勧告を行うアシュアランス業務，および特定の経営諸活動の支援を行うアドバイザリー業務である。」

　内部監査はそもそも経営目標の効果的な達成を目的とすることから，法令によって縛られることなく，企業等の組織体のニーズに基づいて実施されるものである。法令に基づく監査ではないことによる限界がある一方で，法令に縛られない自由な監査を追及できるメリットがある。

　また，内部監査の対象として，ガバナンス・プロセス，リスク・マネジメントおよびコントロールが指摘されている。ここでいう「コントロール」が内部統制に相当するものと理解してよい。したがって，概念的には，内部統制は内部監査の1つの監査対象にすぎないことになる。しかし，日本内部監査協会の「内部監査基準実務指針」では，上記3つの監査対象は，密接不可分，三位一体のものとして取り扱うべきとされている（実務指針 6.0）。このような考え方は，内部監査人の国際組織 IIA の「専門職的実施の国際フレームワーク」とも整合する。具体的には，次のように述べている。

「内部監査人は，ガバナンス・プロセスの評価結果をリスク・マネジメントおよびコントロールの内部監査に関連付けることが必要であるとともに，リスク・マネジメントやコントロールの評価結果をガバナンス・プロセスの内部監査に活かす必要もある。また，内部監査人は，コントロールの有効性および効率性の評価についてリスク・マネジメントの枠組みの中で行う必要があるとともにリスク・マネジメントの評価についてコントロールの評価を踏まえて行う必要がある。」（実務指針 6.0［指針］2）

このように，内部監査としての内部統制の評価は，リスク・マネジメントおよびガバナンス・プロセスの評価と関連づけて行うことで，効果的な評価ができるものと考えられている。国際的な動向に照らしても，この点の認識はきわめて重要である。また，リスク・マネジメントおよびガバナンス・プロセスの評価と関連づけた三位一体型の内部監査は，内部統制報告制度における全社的な内部統制の評価においても重要な視点となる。

あわせて重要な点は，内部監査では，内部統制報告制度が前提としている財務報告に係る内部統制の評価に限定されないことである。内部統制報告制度における経営者評価が安定期を迎え，評価の形式化が指摘されることもあって，内部監査人が経営者評価を担う場合には，通常の業務監査やシステム監査などとの統合的実施が模索されることもある。

その際，統合化の名のもとに，単に経営者評価や内部監査業務の効率化を図ることだけでなく，双方の評価・監査にとっての相乗効果が期待できるような工夫こそが重要である。

2. 内部監査と内部統制との関係

内部統制報告制度の規範となる「財務報告に係る内部統制の評価及び監査の基準並びに財務報告に係る内部統制の評価及び監査に関する実施基準の改訂について（意見書）（令和元年12月）」（以下，「内部統制基準」という）で

は，内部監査をもって，内部統制の基本的要素のうちの「独立的評価」として位置づけている。つまり，内部監査は内部統制の一要素であるとともに，内部監査を除く他の内部統制の要素を独立的立場から評価する機能を担うという位置づけである。

「内部統制基準」から内部監査に言及している個所を抜粋してみると，次のようになる（下線は筆者）。

Ⅰ．2．(5) ② 独立的評価

　独立的評価は，日常的モニタリングとは別個に，通常の業務から独立した視点で，定期的又は随時に行われる内部統制の評価であり，経営者，取締役会，監査役等，内部監査等を通じて実施されるものである。

Ⅰ．4．(4) 内部監査人

　内部監査人は，内部統制の目的をより効果的に達成するために，内部統制の基本的要素の1つであるモニタリングの一環として，内部統制の整備及び運用状況を検討，評価し，必要に応じて，その改善を促す職務を担っている。

Ⅰ．4．(4) ②ニ．内部監査部門等による独立的評価

　内部監査は，一般に，経営者の直属として設置された内部監査人が，業務活動の遂行に対して独立した立場から，内部統制の整備及び運用の状況を調査し，その改善事項を報告するものである。

4．(4) 内部監査人

　…（略）…経営者は，内部監査人の身分等に関して，内部監査の対象となる業務及び部署から独立し，当該業務及び部署に対し直接の権限や責任を負わない状況を確保することが重要である。

また，内部監査の有効性を高めるため，経営者は，内部監査人から適

時・適切に報告を受けることができる体制を確保することが重要である。

上記の規定におけるポイントを拾ってみると，次のようになる。

- 独立的評価は，内部監査に限定されるものではなく，経営者，取締役会，監査役等によっても実施されるとしていること。この点に着目してみると，いずれかの機関が単独で独立的評価を担う場合であっても，または共同で独立的評価を担う場合であっても，内部監査と，経営者，取締役会，および監査役等とのコミュニケーションまたは連携が重要な意味を持つ。また，前述したように内部監査がガバナンス・プロセスを監査対象とすることで，ガバナンスへの関与を強めるためにも，経営者，取締役会，および監査役等とのコミュニケーションや連携は重要な意味を持つ。
- 内部監査には，内部統制の整備および運用状況の検討・評価を通じて，内部統制の「改善を促す」という機能が期待されている点である。「内部統制基準」では，「内部統制に関係を有する者の役割と責任」として，経営者，取締役会，監査役等，組織内のその他の者についてそれぞれ述べているが，内部統制の実質的な評価を担うのは内部監査であり，また内部統制の改善を促す役割を担えるのは内部監査にほかならないことが読み取れる。
- 経営者のリードによる内部監査人の独立性の確保，および経営者への適切なレポーティングラインの確保を重視している点である。内部統制評価の客観性を担保するためには業務執行部門からの独立性の確保が必須である。また，内部統制の不備や弱点の改善を確実にし，改善の実効性を高めるためには，改善命令を出すことができる経営者への適切なレポーティングラインの確保が最低要件となる。

3. 三様監査における内部監査

　公認会計士または監査法人，監査役等，内部監査からなる三様監査は，企業のガバナンスにとって不可欠な機能を果たす。そのためにも，それぞれが独自の機能と役割を果たしつつ，相互に連携することが重要である。

　とはいえ，公認会計士等による監査および監査役等による監査は，法令に基づく監査であるが，内部監査人による監査は法令に基づくものではない。内部監査は，個々の企業のニーズに基づいて行われる任意監査であって，組織上，経営者に直属していることから経営者の方針によって大きな影響を受ける。したがって，内部監査のあり様は，企業のニーズや経営者の方針によって，千差万別である。くわえて，法令で継続的な監査が強制化されていないことから，公認会計士等や監査役等に比べて，実務運用上，さまざま制約や限界があることも少なくない。それゆえ，内部監査は三様監査の一環をなし，不可欠な機能であるものの，実際には，内部監査が積極的かつ中心的な役割を果たすことには困難が伴う。

　たとえば，公認会計士等，監査役等からの要求に基づいた内部監査計画や内部監査結果の提供，および要求に基づいた監査手続の実施にとどまることが多いのではないだろうか。公認会計士等による財務諸表監査において，内部監査結果の利用が謳われていても，実務上，きわめて限定的にならざるを得ない現実がある。また，内部監査部門が経営者に直属している以上，経営者の意思に反して，公認会計士等や監査役等に，内部監査部門としての意見を具申することも難しい。

　このように，三様監査における内部監査部門の役割が限定的とならざるを得ない実態をつかまえて，内部監査法定化の議論が出てくることがある。個人的には，三様監査をより確固たるものとする上で，内部監査法定化の考え方を全面的に否定するものではない。しかし，内部監査は，もともと企業等の自主規制としての性質を持つ内部統制の基本的要素である。また，公認会計士等による財務諸表監査における内部統制の有効性評価や内部統制報告制

度における内部統制監査，および監査役等による内部統制システムの監査において，内部監査の機能状況は内部統制全般の有効性にとって決定的に重要な意味を持っているはずである。さらには，三様監査を効果的かつ効率的に進める上で，三者間のコミュニケーションは不可欠であるし，場合によっては共同監査が効果的な場合もあろう。このように，まずもって三様監査における内部監査の位置づけをより確固たるものとすることが先決ではないだろうか。

2 | 内部監査人の独立性と監査の体制

1. 内部監査人の独立性と組織上の位置づけ

　内部監査人としての独立性と，内部監査の組織上の位置づけについて，「内部監査基準」では，次のような規定を置いている。

> 2.1.1　内部監査人は，…（略）…他からの制約を受けることなく自由に，かつ，公正不偏な態度で内部監査を遂行し得る環境になければならない。

> 2.1.2　内部監査部門は，…（略）…自律的な内部監査活動を行うことができるように，組織体内において独立して組織されなければならない。

> 2.2.1　内部監査部門は，組織上，最高経営者に直属し，職務上取締役会から指示を受け，同時に，取締役会および監査役（会）または監査委員会への報告経路を確保しなければならない。

> 2.2.2　組織体の事情により内部監査部門を最高経営者以外に所属させよ
> うとする場合には，…（略）…助言および勧告に対して適切な措置を
> 講じ得る経営者層に所属させなければならない。また，この場合で
> あっても，取締役会および監査役（会）または監査委員会への報告経路
> を確保しなければならない。

　これらの規定内容からも明らかなように，内部監査部門は，業務執行部門から独立した組織でなければならない。

　ところが，このような組織体制の確立こそが，中小上場会社においては，人的資源の不足から課題となっている。組織図上，内部監査部門が置かれていても，内部監査人の員数がきわめて限られている上に，他部署との兼務も避けられないといったケースは少なくない。

　また，内部監査が経営者に直属している以上，経営者への監査報告が第一義となることはいうまでもないが，取締役会および監査役等といった統治機関に対するレポーティングラインも同時に確保することが要求されている点にも留意が必要である。

2. 内部監査の組織体制と実効性の確保

　日本公認会計士協会の監査・保証実務委員会研究報告第32号「内部統制報告制度の運用の実効性の確保について（平成30年4月）」（以下，「研究報告32号」という）では，大規模企業における内部監査部門の体制に関して，次のような不備事例が見られたという（Ⅲ1（1）①エ）。

- 内部監査部門に関しては，経理や業務に精通した人材が配置されていない事例やグループ全体を監査する人員が配置されていない事例
- 内部監査部門は社長直轄であることが多いが，社長にコンプライアンス意識が欠如していることにより内部監査部門が機能しなかった事例
- 社長直轄ではないため内部監査部門の権限が弱く，内部監査部門が発見

した不正の疑いに対して圧力がかかり是正されなかった事例

これらの不備事例を踏まえて，内部監査部門のあるべき体制として次のような是正措置が指摘されている（Ⅲ1（2）④）。

- 内部監査部門を社長直轄の組織とし，強い権限を付与すること。
- 内部監査部門の独立性を確保するため，監査結果を社外取締役や監査役等にも報告する体制とすること。
- 内部監査部門は，グループ全体を監査するために必要かつ十分な経験と知識のある人員（財務・経理に精通した人員を含む。）を確保すること。

一方，新興企業では，次のようなきわめて初歩的な原因による内部監査の機能不全が見られたという（Ⅲ3（1）①ウ）。

- 内部監査担当者が兼務者1名という人員不足の事例
- 内部監査担当者が入社したばかりで社内の状況を把握できていない事例

上記不備事例に対する是正措置としては，兼務の解消，および実務経験豊富な室長と機能的な対応が可能な担当者の配置とされた（Ⅲ3（2）①エ）。

兼務の解消は内部監査の独立性確保の根幹をなすものであるし，経験豊富で適切な技能を有した内部監査人の配置は確かに望ましいし理想ではあるが，企業規模を勘案すると理想的な内部監査の体制を整えることには限界があるといわざるを得ない面がある。

3　内部統制評価に際して求められる内部監査部門のスキル

1. 内部監査部門に必要なスキル

前述したとおり，内部監査部門は，内部統制の要素のうちの独立的評価として位置づけられている。評価内容は，「内部統制基準」に従えば，決算財務プロセス，業務プロセス，IT全般統制，IT業務プロセス統制，子会社な

図表3-1　内部監査部門に求められる知見

対象となる内部統制	知見	内容
決算財務プロセス	会計に関する知見	適正な財務諸表は経営判断の基礎となる。また、上場企業においては、重要な虚偽表示のない適正な財務諸表の開示は義務である。適正な財務諸表作成に関する内部監査を実施するために必要な知見を指す。なお、「内部統制基準」における、決算・財務プロセスに係る内部統制評価に必要な知見も含まれる。
業務プロセス	業務に関する知見	内部監査の中心となる業務監査を実施する上での基礎的な知見である。企業の属する業態、規模等によって業務に関する知見は千差万別であるが、「内部の目標」を知った「内部者」による監査としてのメリットを最も引き出すための知見といってよい。 なお、業界や当該企業に特有の知見であるが、一般社会の常識に照らした場合に否定的な判断ができる知見もこれに含まれる。
IT全般統制	システム管理に関する知見	「内部統制基準」ではITへの対応として位置づけられている。IT全般統制の評価は、「システム管理基準　追補版（2007年3月）※」から判断して、基本的に「システム管理基準」に依拠した評価内容となる。これらの基準への一定の理解をもって、システム管理に関する知見とする。 ※「システム管理基準　追補版」は、内部統制報告制度を想定して経済産業省から公表されたものであり、IT統制に関する概念、経営者評価、導入ガイダンス等をシステム管理基準等と対応させて、参考情報として提供するものである。
IT業務処理統制	システム管理に関する知見	業務システムに組み込まれたIT業務処理統制（手作業との組み合わせも含む）の評価に際して要求される知見である。 相当程度の業務知識を持った内部監査人であれば、評価に際して大きな問題は生じないと思われるので、他の知見に比較すると重要性は低い。
子会社	経営に関する知見	子会社の経営者が企業グループの管理方針を理解し、適切に実施していることを判断できるかどうかがポイントとなる。その前提として経営管理の状況を判断する知見が求められる。現状、重要と考える管理方針の実施と親会社への報告に絞れば、経営に関する知見の重要性は低いが、内部監査部門の将来的な地位向上を視野に入れれば重要な知見となる。
その他	リスク評価に関する知見	リスクアプローチが内部監査の基礎となっている以上、監査範囲、監査要点の絞り込みのためには必須の知見である。経営者とのリスク認識を一致させるためのキーであり、内部監査の手法よりも重要な知見といえる。

対象となる内部統制	知見	内容
その他	内部監査に関する知見	内部監査人である以上最低限の知見である。内部監査についての基本的な考え方と監査手法の知見は重要であるが，手法の知見は実際の運用においては必要に応じて必要部分を探すことのできる程度で十分である。
	組織運営に関する知見	全社的な組織運営に関する知見が被監査部門の管理状況を評価する基礎となる。内部監査も社内組織である以上，内部監査部門の組織運用にとっても必須の知見である。
	コンプライアンスに関する知見	コンプライアンス（法令遵守）は内部統制の目的の1つであり，内部監査でも重要な監査要点となる。コンプライアンスの知見は，アシュアランス業務実施にとっては必須である。すべてのコンプライアンスを網羅することはできないため，必要に応じて確認できる程度で十分である。
	デジタルデータを用いた監査に関する知見	業務のIT化は，きわめて速い速度で，着実に進みつつあり，手作業がシステムに置き換えられている。これに伴い，大量のデジタルデータを内部監査で評価する必要がある。事前準備における監査対象と監査要点の絞り込みは，往査の効率化に大きく寄与する。また，内部監査の実施中においても，デジタルデータによる疑問点の確認は有効で効率的な手法となる。CAATツールの使用を含めたデジタルデータを用いた監査に関する知見は，現代の内部監査では不可欠といってよい。

出所：筆者が独自に作成。

ど多岐にわたる。

　多岐にわたる評価内容を，限られた内部監査人の員数の中で適切に行うためには，内部監査部門として幅広い知見が求められる。とりわけ全社的な内部統制の評価に際して，内部監査部門として求められる知見について，筆者なりに独自にまとめたものが**図表3-1**である。

　全社的に内部統制評価を効果的に行うためには，ここに列挙したすべての知見が求められる。しかし，実際に，中小上場会社の内部監査部門で，これらすべての知見に対応することは困難である。とはいうものの，自社の内部監査部門が知見をどの程度保持しているかを評価することは，内部統制評価の向上への第一歩となることから，参考にしていただければ幸いである。

2. スキル評価と内部監査部門の運用

図表3-1 の知見に基づいて，以下の前提で内部監査を実施することが有効だと考える。

(1) 内部監査部門としてすべての知見を備えている場合：リスクアプローチに基づいて内部監査の対象を絞り込むことで，有効な内部監査を実施できる。

(2) 内部監査部門としてすべての知見を備えていない場合：日常的モニタリング（執行部門の個別チェックおよび本社管理部門の確認）とバランスをとり，補完関係を考慮して監査の対象を決定する。日常的モニタリングの不十分な部分を，事前準備段階で識別・評価しておくことが望ましい。

現実にはほとんどが (2) のケースである。この場合は，保持している知見の評価と対応の考え方を事前に整理することが重要である。

内部監査部門の年度計画策定時に日常的モニタリングの不十分な部分を識別・評価するための方法は，筆者の経験によれば，おおよそ次のようになる。

- 重要会議の議事録を閲覧し，繰り返し議題となっている内容を抽出し，ヒアリング，データ等で確認する。
- 重要会議の議事録を閲覧し，報告されているが議題となっていない内容を抽出し，本当に問題がないか報告内容を確認する。
- システムデータを閲覧し，データの発生傾向等の変化および例外を抽出し，内容を確認する。その時，重要会議の資料との整合性も確認する。

以上の方法で絞り込んだ課題を一覧化し，持っている知見から対応可能な課題を内部監査の要点として抽出する。なお，筆者の経験では，以上の作業を継続的に実施することにより，内部監査人としての知見を底上げすることができる。現状，筆者は工数の 20％程度をこの作業に充てている。

4 小規模内部監査部門の限界

「内部統制報告制度に関するQ&A（平成23年3月）」（以下，「Q&A」という）において，事業規模が比較的小さい企業の特性に基づく工夫について，次のような記載がある。

「例えば，事業規模が小規模で，比較的簡素な組織構造を有している組織等の場合には，要員の不足等により，担当者間で相互牽制をはたらかせるための適切な職務分掌の整備が難しい場合が想定される。そのような場合には，例えば，経営者や他の部署の者が適切にモニタリングを実施する等により，リスクを軽減することや，モニタリング作業の一部を社外の専門家を利用して実施することなど，各組織の特性等に応じて適切な代替的な内部統制により対応することが考えられる。」（問20）

組織規模から職務分掌が難しい場合を例にとって，経営者によるモニタリングや，業務に直接関与していない者によるモニタリング，あるいはモニタリングの外部委託といった代替手段が例示されている。もちろん，小規模であっても内部監査部門が存在する場合には，これらの日常的モニタリングとは別に，独立的評価として機能させることができる。

中小上場会社では，経営資源の慢性的な不足が，内部監査の有効性の維持を含めた本社管理部門に対する最大の問題である。経営資源の不足は内部監査部門に3つの大きな問題が発生している。以下，それぞれについて述べる。

1. 内部監査部門の独立性

内部監査部門の独立性について，以下の2つのケースが課題として考えられる。

- 人材不足から内部監査部門を業務執行部門との兼務にしているケース
- 内部監査部門が他の執行部門の役員の指揮下に入っているケース

　いずれのケースも，内部監査部門にとって自己と関連のある業務執行部門への指摘は著しく困難である。また，内部監査部門の人事評価についても，業務執行部門に所属している場合は，業務執行にかかる人事評価と，内部監査業務としての人事評価を明確に切り離すことは現実問題として難しい。さらに，業務執行と内部監査業務についての人事評価を1人の対象者として統合的に実施するようなことをすれば，執行部門の上司が内部監査人の評価を実施することとなり，内部監査としての独立的評価自体が有効性を欠くことにもなりかねない。最低限，経営者に対する報告権と内部監査業務に関する人事評価は，執行部門から切り離されていなければならない。

　一方，「Q&A」での回答にもあるように，事業規模が小規模で，比較的簡素な組織構造を有している企業では，他の部署の者が適切にモニタリングを実施することも許容されている。今回，われわれが行ったヒアリング調査でも，部門間で相互モニタリングを実施しているとの回答があった。このような相互モニタリングの形態は，独立的評価の第一歩ともなり得るように思える。ただし，この状況に満足することなく，企業の発展に伴い，独立した内部監査部門の設置を目指す必要がある。

　先に見た「研究報告32号」における新興企業の不備事例では，監査対象業務部門との兼務がある内部監査部門が問題となっているが，可能なかぎり独立した内部監査部門を持つことが望ましいことは言うまでもない。

2. 内部監査部門の技量

　図表3-1でも示したとおり，内部監査部門には大きく分けて10の知見が必要である。内部監査人として社内から選任する場合，または外部専門家を新たに内部監査人として採用する場合のいずれの場合でも，すべての知見を

内部監査部門として具備することは困難である。

　知見不足を補うためには，社内専門家による支援や社外専門家の起用が考えられる。社内の評価は自己評価になる場合が多く，社外の場合はコストが問題となる。実際の運用では社内の評価を組み込むことを推奨する。たとえば，**図表3-2**のチェックリストを利用して検討することを提言してみたい。

　図表3-2は，以下の手順で利用する。

(1) 内部監査部門の持つ知見を評価し，現状評価の行に記入する。詳細な評価である必要性はなく，○（できる）・×（知らない）・△（知っているが経験はない）程度の評価でよい。

(2) まず，リスクアプローチで必要な監査対象を決定し，監査対象の列に○を記入する。リスクアプローチが理解できない場合は，内部監査人と経営者が必要と判断している監査対象で十分である。監査対象の決定段

図表3-2　知見の評価結果に基づく監査範囲の決定

リスク	重要度	知見	1：会計	2：業務	3：システム管理	4：システム監査	5：経営	6：リスク評価	7：内部監査	8：組織運営	9：コンプライアンス	10：データ監査	監査方針
		現状評価	△	○	×	×	△	△	△	○	△	△	
リスク	重要度	監査対象											
決算	A		○			○			○			○	可能
在庫	B			○	○	○						○	システム関連は外部又はシステム部門の自己評価
購買	A		○								○	○	
販売	A		○		○	○					○	○	
全社	A		○				○	○					可能

（知見と監査範囲の紐づけに関する筆者の考え。）
出所：筆者作図

階では，知見不足でできないから対象から外すという判断は行わない。
(3) 対象となった監査対象ごとに，必要な知見が該当する行に○を記入する。必要性だけなので，○・×でよい。
(4) 知見に不足がなければ可能，不足している場合は対応策を監査方針に記入する。この例ではシステム管理の知見が不足しているので，外部専門家の起用か，システム部門自身がシステムの状況を評価しているもの（以下，自己評価という）を使用することになる。なお，これ以外にも，範囲を絞って実施，監査対象外としてリスクを容認するとの記入もあり得る。

3. 内部監査部門の要員

　要員不足は監査業務のすべてに影響を与えるが，中小上場会社における大きな問題点は，監査日数不足と後継者問題である。以下，それぞれについて説明する。

(1) 監査日数不足
〈課題〉
　企業の規模，業務の複雑性に対して内部監査部門の要員が不足すると，必要な監査が実施できない。
〈対応策〉
　リスクアプローチによる監査対象の絞り込み，被監査部門の自己評価結果の利用，IT データ監査による監査業務の効率化などが挙げられる。内部監査部門が一定の間隔で監査すること自体が業務執行部門への牽制となり，内部統制の向上に寄与する。その意味では，監査日数不足であること自体は，内部監査の基本的な有効性を否定することにはならない。

（2）後継者問題

〈課題〉

　内部監査要員が1名の場合は当然であるが，2名の場合でも問題となる可能性が高い。内部監査部門に2名の専属要員がいたとしても，部門長は長期にわたって専任であり，かつ部下は人事異動の対象となっている場合は，内部監査に必要な技量を十分に取得する以前に部下が異動することが多く，部門長の後継者として育成できない。

〈対応策〉

　通常，後継者問題は内部監査部門だけではなく，全社的に発生している場合が多い。後継者問題には解決策はなく，評価および対象範囲の絞り込みは同レベルでの引き継ぎは困難であり，監査手順の標準化で最低限の担保を目指すべきである。コロナウイルス発生後は，内部監査の往査ができなくなり後継者への現場教育の場がなくなっており，さらに後継者育成は困難になっている。

5 | 課題解決の方向性 ──結論と若干の提言

　以上の課題に対する基本的で有効な解決の切り口は，経営者が内部統制における内部監査の重要性を認識し，内部監査部門を信頼することである。経営者が，企業の組織上での内部監査部門の位置づけを理解することによってはじめて，最低限の独立的評価の基礎ができあがる。独立した内部監査部門に配属された内部監査人が努力して技量を取得し，経営者にとって有益な監査報告書を提出する。これにより内部監査部門は経営者からの信頼を得て，必要な人員を得ることができる。

　以上のような好循環を生む方向に向かえば，中小上場会社においても，内部監査を通じた独立的評価はきわめて有効なものとなる。中小上場会社では，組織全体の人員不足のために独立した内部監査部門が保持できない，ま

たは，内部監査部門に向上心のある要員を充てることができず，このような
好循環を得ることができないことが多い。ただし，経営者が独立的評価の先
頭に立ち，内部監査部門を主導することによって，内部監査部門は最低限の
有効性を維持できる。内部監査人が兼任の場合であっても，経営者との連携
を強化すべきである。具体的には，監査計画書および監査報告書は，経営者
に対して直接説明できる環境を醸成することが重要である。

　このことにより，兼任の内部監査人であっても，内部監査人としての自覚
が芽生え，内部監査の重要性を社内に認識させることができる。また，内部
監査が独立的評価として社内業務の牽制機能を持つ第一歩となると考える。
小規模内部監査部門を持つ企業では，経営者が内部統制の独立的評価に対す
る重要性を自覚することこそが，内部監査の有効性向上の基礎である。この
経営者の自覚が内部監査の有効性の起点となり，その上に内部監査が成長し
ていく。これまで述べてきた小規模内部監査部門の問題が十分に解決しない
状態でも，経営者の意識によって，内部監査だけでなく内部統制の有効性も
向上していくのである。

【参考文献】
金融庁［2007］「財務報告に係る内部統制の評価及び監査の基準並びに財務報告に係
る内部統制の評価及び監査に関する実施基準の設定について（意見書）」2月15
日.
金融庁［2011a］「財務報告に係る内部統制の評価及び監査の基準並びに財務報告に
係る内部統制の評価及び監査に関する実施基準の改訂について（意見書）」3月
30日.
金融庁［2011b］「内部統制報告制度に関するQ&A」3月31日.
金融庁［2019］「財務報告に係る内部統制の評価及び監査の基準並びに財務報告に係
る内部統制の評価及び監査に関する実施基準の改訂について（意見書）」12月6
日.
日本公認会計士協会［2018］監査・保証実務委員会研究報告第32号「内部統制報告
制度の運用の実効性の確保について」4月6日.
日本内部監査協会［2014］「内部監査基準」6月1日.

会計監査人から見た全社的な内部統制の課題

◆ 本章のPOINT ◆

▷ 全社的な内部統制について，内部統制監査では整備状況および運用状況が監査対象であるのに対し，財務諸表監査では運用状況の検討についてまでは明確に求められておらず，一体監査はより深度ある監査の実現につながる。

▷ 内部監査人等の作業の利用について，財務諸表監査では必ずしも内部監査人等の作業の利用を前提とはしていないが，実施基準では，内部監査人等の作業の利用が想定されている。独立性などの問題はあるが，財務諸表監査でも内部監査人等利用に向けた動きが，今後進むことが望まれる。

▷ 全社的な内部統制の重要性は高いが，業務プロセスの評価と比較すると定性面が強いため，実施基準の42項目の例示をチェックリストとして使うケースがあるが，形式的な評価に陥ってはならない。

▷ 中小上場会社では全社的な内部統制における創意工夫は有用であり，三様監査を意識すると，情報の共有化を意識したコミュニケーションが重要になると考える。

第**4**章

1 内部統制報告制度における全社的な内部統制の財務諸表監査への影響

　財務諸表監査として，金融商品取引所に上場されている有価証券の発行会社等は，金融商品取引法の規定に基づいて提出する財務諸表等について，特定の利害関係のない公認会計士または監査法人（以下，会計監査人という）の監査証明が義務付けられている。また，内部統制監査として，内部統制報告書提出会社の当該内部統制報告書に対しても，基本的に会計監査人の監査証明が義務付けられている。内部統制監査では会社が実施した全社的な内部統制の評価を監査の対象としているのに対して，財務諸表監査では整備状況を含む理解が求められるが，運用手続の検討までは明確に求められていない。このため，財務諸表監査の観点では，内部統制監査による全社的な内部統制の評価は望ましいと考えられる。

　2011年3月に「財務報告に係る内部統制の評価及び監査の基準（以下，基準という）並びに財務報告に係る内部統制の評価及び監査に関する実施基準（以下，実施基準という）」が改訂された（最新の改訂は2019年12月）。この改訂において，中堅・中小上場企業という言葉を新たに記載するとともに，中堅・中小上場企業に対する簡素化・明確化を掲げている。ただし，中堅・中小上場企業という定義は明示せず，事業規模が小規模で，比較的簡素な組織構造を有している組織等を対象としている。そして，このような組織等には業務プロセスの評価手続の合理化やさまざまな記録の形式・方法を取り得るとして，評価手続等にかかる記録および保存の簡素化・明確化等を認めている。

　事業規模が小規模で，比較的簡素な組織構造を有している組織等に対して，経営者の経営哲学や経営スタイルが，統制環境等の全社的な内部統制に多大な影響を及ぼすことがあることに留意が必要であり（日本公認会計士協会［2020］p.112），中小上場会社において，監査上，全社的な内部統制は重要な項目である。最近の内部統制報告書における開示すべき重要な不備でも，全社的な内部統制の課題となるものが多く見られる。本章では，全社的

な内部統制を取り上げ，財務諸表監査および内部統制監査における相違を検討するとともに，内部統制報告書における開示すべき重要な不備の事例について，日本公認会計士協会の研究報告に基づき，大規模上場企業と新興企業における検討を実施した。

　また，基準および実施基準では，具体的に内部統制をどのように整備し，運用するかは，個々の企業等が置かれた環境や事業の特性，規模等によって異なるため，経営者には，それぞれの企業の状況等に応じて内部統制の機能と役割が効果的に達成されるよう，自ら適切に創意工夫を行っていくことが期待されている。そして，事業規模が小規模で，比較的簡素な組織構造を有している組織等の場合には，会計監査人に対して効率的な内部統制対応にかかる相談等を行う際に，会計監査人として適切な指摘を行うなどいわゆる指導的機能の適切な発揮に留意するとしている（金融庁［2011a］p.2）。この創意工夫や指導的機能に関して，金融庁の内部統制報告制度に関する事例集等を検討するとともに，中小上場会社 8 社に対してヒアリング調査を実施し，分析を行った。

2 ｜ 全社的な内部統制に対する内部統制 監査と財務諸表監査との相違

1. 全社的な内部統制に対する監査手続の状況

　全社的な内部統制とは，連結ベースでの財務報告全体に重要な影響を及ぼす内部統制であり，経営者は，有効な内部統制の整備および運用の責任を負う者として，全社的な内部統制の評価を行った上で，その結果を踏まえて，業務プロセスにかかる内部統制を評価しなければならない。内部統制監査では，経営者による会社の状況等を考慮した内部統制の評価の方法等を適切に理解・尊重した上で実施する必要があるため，原則として，経営者の評価の方法等を尊重することとなる（日本公認会計士協会［2020a］p.6）。ただし，

会計監査人は経営者のように会社の内部統制に日常的にかかわることもそれを観察することもないことから，内部統制監査の意見の基礎となる十分かつ適切な監査証拠を入手するために，会計監査人自らの判断により経営者の評価方法とは異なる監査手続や手法を実施することもある（日本公認会計士協会［2020a］p.6）。

　経営者による全社的な内部統制の評価は，内部統制監査では整備状況および運用状況が監査対象となっている。会計監査人の手続の実施時期については，全社的な内部統制の評価結果は業務プロセスの評価範囲など影響が大きいため，監査の対象年度の初期の段階での実施について考慮することが必要となる。なお，全社的な内部統制の整備および運用状況を検討するために実施する手続には，文書による検討が困難な場合もあることから，質問や観察のみにより実施される場合がある（日本公認会計士協会［2020a］p.10）。記録や文書の閲覧または再実施を組み合わせて実施する方が，通常，質問と観察のみを実施するよりも強い心証を得ることができるだけに，全社的な内部統制における特有な事項と考えられる。

　これに対して，財務諸表監査では整備状況を含む理解は求められていたが，その運用状況の検討についてまでは明確に求められていたわけではない（日本公認会計士協会［2020a］p.8）。全社的な内部統制も含めて，会計監査人は，監査に関連する内部統制を理解する際に，内部統制のデザインを評価し，これらが業務に適用されているかどうかを評価することが求められている（日本公認会計士協会［2019a］p.3）。

　財務諸表監査における内部統制の構成要素として，統制環境，企業のリスク評価プロセス，財務報告に関連する情報システム（関連する業務プロセスを含む）と伝達，監査に関連する統制活動，監視活動が挙げられる（日本公認会計士協会［2019a］pp.3-4）。基準および実施基準における基本的要素のITへの対応は相違しているが，財務諸表監査でも企業の統制活動の理解に際し，ITに起因するリスクに企業がどのように対応しているかを理解することを求めており，ITへの対応は他の基本的要素と必ずしも独立に存在する

のではなく全体にかかっている。手続については，企業の担当者への質問とその他の手続（特定の内部統制の適用状況の観察，文書や報告書の閲覧，取引のウォークスルーなど）を実施して評価しなければならないとしている。

全社的な内部統制に対する監査手続の状況は要約すると下記となる。**図表4-1**①に記載しているように，内部統制監査では，実施基準の参考1のいわゆる42項目の例示された評価項目を中心として検討することが，実務では多く見られると感じている。42項目の例示された評価項目にあるように，財務報告の信頼性について，内部統制を6つの基本的要素（統制環境，リスクの評価と対応，統制活動，情報と伝達，モニタリング，ITへの対応）の観点から評価することになる。6つの基本的要素のうち統制環境は，組織の気風を決定し，内部統制に対する組織構成員の意識に強く影響を及ぼすものであり，他の5つの基本的要素の基礎となる。統制環境は，財務報告の信頼性にかかわる内部統制にとって最も重要な基本的要素であることに留意する必要がある（日本公認会計士協会［2020a］p.41）。財務諸表監査では，この監査結果を利用することにより，運用状況まで含めた検討ができるため，一体監査としてより深度の深い監査の実現につながる。

図表4-1　全社的な内部統制に対する監査手続の状況（要約）

全社的な内部統制
①内部統制監査
　監査人は，原則として，すべての事業拠点（財務報告に対する影響が僅少なものは除く。）について，全社的な内部統制の概要を理解し，内部統制評価の実施基準（参考1）「財務報告に係る全社的な内部統制に関する評価項目の例」に示された評価項目に留意し，経営者の実施した全社的な内部統制の整備および運用状況の評価の妥当性について検討する。
②財務諸表監査
　内部統制監査の監査対象となった全社的な内部統制については，財務諸表監査における監査手続の実施にあたり，内部統制監査における監査結果を利用することが想定される。
③一体監査の状況
　経営者が実施した全社的な内部統制の評価の結果に対して監査が行われることから，その運用状況の評価が検討の対象として追加されるとともに，内部統制に対する記録の充実が期待でき，内部統制に対する監査手続の深度が深まる。

出所：日本公認会計士協会［2020a］p.10-11。

2. 内部監査人等の作業の利用

　日本公認会計士協会［2020a］では，三様監査の観点から，監査役等との
コミュニケーション，内部監査人等の作業の利用が定められている。監査役
等とのコミュニケーションでは，財務諸表監査での監査役等とのコミュニ
ケーションに加えて，内部統制監査におけるコミュニケーションが必要とな
る。ここでのコミュニケーションは，双方向のコミュニケーションである。
特に，実施基準においては，会計監査人は，監査役または監査委員会の活動
を含めた経営レベルにおける内部統制の整備および運用状況を，統制環境や
モニタリング等の一部として考慮することとされている。また，全社的な内
部統制の整備および運用の状況の検討にあたっては，監査役または監査委員
会における監視機能について確認することが重要であるとされているだけ
に，有効な双方向のコミュニケーションが求められる（日本公認会計士協会
［2020a］p.16）。

　内部監査人等の作業の利用であるが，「内部監査機能に，品質管理を含め，
専門職としての規律ある姿勢と体系的な手法が適用されていない」（日本公
認会計士協会［2019b］p.3）と会計監査人が判断した場合は，内部監査人等
の作業が利用できないなどの厳しい制約がなされており，財務諸表監査では
必ずしも内部監査人等の作業の利用を前提とはしていない。これに対して，
実施基準では，内部監査人等の作業の利用が想定されている。また，監査・
保証実務委員会報告第 82 号では，「意見書の公表により，内部監査が内部統
制の基本的要素のモニタリングの独立的評価として実施されるものであるこ
とが明確になった。したがって，今後は内部監査が一定の水準で実施される
ことが期待されるため，効果的かつ効率的に監査を実施する観点から内部統
制監査においては内部監査人等の作業の利用の可能性が示されたものと考え
られる。」としている（日本公認会計士協会［2020a］p.59）。

　ただし，内部監査人等の作業を利用する場合でも，会計監査人は，表明し
た監査意見に関する責任は内部監査を利用したとしても軽減されるものでは

ないため，留意する必要がある。このため，「全社的な内部統制のうち統制環境に関する評価項目については，統制環境が他の内部統制の基本的要素の基礎をなしており，当該評価項目に関する内部監査の結果については内部監査の担当者の主観的判断が介入する余地が高いため，利用について特に慎重に検討する必要がある。」との注意喚起がなされている（日本公認会計士協会［2020a］p.60）。財務諸表監査における内部監査人等の作業の利用は本来的には効率化にもつながり，通常は組織内部の常勤者によることから有効性も期待される。独立性などの問題もあるが，利用に向けた動きが，今後進むことが望まれる。

3. 全社的な内部統制の評価における困難性とガバナンス強化の動き

　全社的な内部統制の重要性は高いが，業務プロセスの評価と比較すると，定性面が強いために実務では評価が難しい面がある。特に，内部統制の基本的要素の中核をなす統制環境と，正しい判断や行動をとるのに必要な真実の情報を得るための要素である情報と伝達の整備および運用状況を確認することがきわめて重要となる（八田［2015］p.112）。統制環境の評価の多くは定量的な指標に馴染まないものであり，かつ，内部統制の所有者であるトップ自身の姿勢を評価しなくてはならないためである（八田［2015］p.112）。これは監査の面からも同様であり，統制環境のような特定の財務諸表項目の虚偽記載を直接防止・発見しないタイプの全社的な内部統制の不備が，どの程度の大きさの虚偽記載になり得るかを特定することはできないが，財務諸表全体レベルおよびアサーション・レベルの重要な虚偽記載の発生可能性に影響を及ぼす可能性がある（日本公認会計士協会［2020］p.37）。

　日本公認会計士協会から会員の実務参考に資することを目的として，財務諸表監査における監査調書の様式等を公表しているが，その中では，様式3-10として，全社的な内部統制の理解（統制環境）（リスク評価プロセス）（情報・伝達）（統制活動）（監視活動）というタイトルの様式を公表してい

図表4-2 全社的な内部統制 (統制環境)

1. 統制環境

(1) 統制環境を各要素ごとに理解し, 以下に記載する。(監基報315.13)

要素	内部統制のデザイン及び業務への適用状況の評価 (監基報315.12)	前期からの重要な変化の有無
誠実性と倫理観の伝達と定着 (監基報315.A73 (1))		
職務遂行に必要な能力の定義 (監基報315.A73 (2))		
取締役会や監査役等の参画 (監基報315.A73 (3))		
経営理念と経営方針 (監基報315.A73 (4))		
組織構造 (監基報315.A73 (5))		
権限と責任の付与 (監基報315.A73 (6))		
人事に関する方針と管理 (監基報315.A73 (7))		
IT統制環境 (IT実6号.11) (1) 経営者の関心, 理念及び倫理観 (2) 戦略・計画及び組織 (3) ITに関する規程及び慣行 (4) ITに関する人材の確保 (5) 情報セキュリティ		

(2) 統制環境の理解に際して, 以下の事項を実施し, 記載する。

① 経営者は, 取締役会による監督及び監査役等による監査の下で, 誠実性と倫理的な行動を尊重する企業文化を醸成し維持しているかどうか。(監基報315.13 (1))

② 統制環境の各要素の有効性が, 内部統制の他の構成要素に適切な基礎を提供しているかどうか。また, 内部統制の他の構成要素は, 統制環境の不備によって損なわれていないかどうか。(監基報315.13 (2))

出所：日本公認会計士協会 [2020b] 様式3-10をもとに作成。

る。**図表 4-2** は（統制環境）についてであるが，監査基準委員会報告書 315
および IT 委員会実務指針第 6 号に基づいており，一体監査としての対応関
係を理解することができる。

　ただし，全社的な内部統制の重要性から，本節の 1. で実施基準の参考 1 の
いわゆる 42 項目の例示された評価項目を中心として検討することが実務で
は多いと述べたが，単なるチェックリストとして形式的なものであってはな
らない。このことは，監査業務審査会の監査提言集でも，監査人に対する
17 の提言において，「形式的な内部統制の評価は，リスクの適切な識別・評
価に結びつかないことを理解する。」（日本公認会計士協会［2020c］p. ⅱ ）と
述べており，会長通牒でも「特に，形式的な評価に陥りがちな全社的な内部
統制の評価は，実効性のある手続となっているかを確認する。」（日本公認会
計士協会［2016］）としている。このように，全社的な内部統制に対する職
業的懐疑心を保持し発揮することを，より意識することが求められる。

　なお，コーポレートガバナンス・コードの補充原則 3-2 ②において，取締
役会および監査役会は，少なくとも外部会計監査人と監査役（監査役会への
出席を含む），内部監査部門や社外取締役との十分な連携確保への対応を行
うべきとしている（東京証券取引所［2018］p.13）。三様監査の充実，さらに
社外取締役も含めた広い連携を進めるとともに，充実していくことは，当事
者間での情報の共有につながり，十分な情報に基づくことにより統制環境の
面でもコーポレート・ガバナンスがより有効に機能していくと考える。

3 ｜ 大規模企業と新興企業（中小上場会社）における開示すべき重要な不備事例分析

　監査・保証実務委員会研究報告第 32 号では，2017 年 6 月 30 日までに提出
された内部統制報告書における開示すべき重要な不備の事例を 2013 年 4 月期
から 2017 年 3 月期までの 4 年間について分析している。この中で，全社的な
内部統制の不備事例を大規模企業と新興企業に区分して分析している。この

区分は，企業規模に応じて構築・評価すべき内部統制は異なること，中堅・中小上場企業に比べて相対的に内部統制が充実していると考えられていることによるとしている（日本公認会計士協会［2018］p.7）。本研究の中小上場会社と新興企業が必ずしも一致するものではないが，共通点も多いと考えられることから，分析を行った。全社的な内部統制の不備事例に関して，主な要因として挙げられているものは以下のとおりである。

図表4-3からは共通項目が多く見られるが，新興企業においては，社長が創業者であり筆頭株主であることも多く，取締役・監査役等の選解任は社長による人選を反映したものとなる環境にあるとしている。また，新興企業における全社的な内部統制の不備事例の特徴として下記が挙げられている。

- 取締役会の機能不全の事例が多く，社長のコンプライアンス意識の低さに端を発して，役員および従業員のコンプライアンス意識が醸成されていないという事例が多い。
- 従業員数が少ないことからきわめて基本的な内部統制，たとえば，内部牽制機能，内部監査機能，会計処理に必要な証憑の入手という基本動作，取引に際して証憑の入手を要求する社内規程の整備等，株式公開する前に整備・運用しておくべきものが表面的・形式的にしか整備されていなかったと見受けられる不備事例がある。

図表4-3　大規模企業と新興企業における全社的な内部統制の不備事例

番号	大規模企業	新興企業
1	取締役会の機能不全	取締役会の機能不全
2	役員および従業員のコンプライアンス意識の欠如	役員および従業員のコンプライアンス意識の欠如
3	内部監査部門の機能不全	内部監査の機能不全
4	内部通報制度の実効性不足	
5	不適切な業績管理	
6	リスク識別が不十分	

出所：日本公認会計士協会［2018］pp.9-10, 20-21をもとに作成。

• 経営者が内部管理体制の充実を軽視して，性急に株式公開を進めたのではないかと疑われるものもある。

次に，**図表4-3**の主な項目に関して，分析を行ったものが**図表4-4～図表4-6**である。

項目は同じであるが，新興企業においては，内部統制の基本動作となる社内規程の整備等，株式公開において当然求められるものが表面的・形式的でしかなく，公開後の企業における変化によって問題点が表面化したと考えることができる。

全社的な内部統制の不備事例への是正措置を示したものが**図表4-7**であるが，新興企業において，重視されているのが，コーポレート・ガバナンスの強化とコンプライアンスに対する役員および従業員の意識向上を図る施策である。新興企業では社長のガバナンス意識に影響を受け，また意識向上は時間がかかる上に，両者とも成果の測定が難しい。これに対して，内部通報制度の導入・強化などは対策が測定しやすい。また，**図表4-6**からは，対象事例に関して，組織的な内部監査が実施できていないことが読み取れる。

図表4-4　取締役会の機能不全に関する内容分析

	大規模企業	新興企業
共通	必要な資料や情報が取締役会で共有されていない。	
相違	不正の疑いを取締役や監査役等（監査役会，監査等委員会，監査委員会を含む。）が知り得たにもかかわらず，十分な調査を指示ないし実施しなかった。	取締役会上程基準を作成していない。当該基準が不明瞭，または当該基準が適切に規定されていないことにより，取締役会で審議されるべき取引等が報告されていない。
相違	内部監査部門が人員不足により機能していない状況であったにもかかわらず，監査役等が対策を講じるように取締役または執行役に働きかけなかった。	管理部門の担当取締役がいない。経理・財務の知見を有する社外役員がいない，または各取締役が自己の管掌する部門に関する審議にしか関心がないことにより，会計処理の適切性に関する審議がなされていない。

出所：日本公認会計士協会[2018] pp.9, 20-21をもとに作成。

図表4-5　役員および従業員のコンプライアンス意識の欠如に関する内容分析

	大規模企業	新興企業
共通	主として経営者からの明示的なまたは暗黙裡な過度のプレッシャー。	
相違	経営者や子会社の経営者，部門長等の不正会計に立ち向かうコンプライアンス意識の低さが不正の正当化につながっている。	役員及び従業員の会計処理に関するコンプライアンス意識の欠如（法令・会計原則等を遵守しなければならないという会計処理に関するコンプライアンス意識が著しく希薄，契約書や受領書のやり取りが売上計上後になっても仕方ないという意識が役員および従業員間に浸透している）。
相違	企業グループとして過度なプレッシャーがかからないような企業風土を醸成する内部統制が適切に整備されていない。	会計基準等を遵守する意識が希薄，社内手続を遵守する意識が希薄。

出所：日本公認会計士協会 [2018] pp.9, 21をもとに作成。

図表4-6　内部監査の機能不全に関する内容分析

	大規模企業	新興企業
共通	—	
相違	経理や業務に精通した人材が配置されていない。 グループ全体を監査する人員が配置されていない。 重要な業務プロセスを評価範囲に含めていなかった。	内部監査担当者が兼務者1名という人員不足。
相違	内部監査部門は社長直轄であることが多いが，社長にコンプライアンス意識が欠如していることにより内部監査部門が機能しなかった事例がある一方で，社長直轄ではないため内部監査部門の権限が弱く，内部監査部門が発見した不正の疑いに対して圧力がかかり是正されなかった事例。	内部監査担当者が入社したばかりで社内の状況を把握できていない。

出所：日本公認会計士協会 [2018] pp.9-10, 21をもとに作成。

図表4-7　大規模企業と新興企業における全社的な内部統制の不備事例への是正措置

番号	大規模企業	新興企業
1	取締役会の活性化	コーポレート・ガバナンスの強化
2	企業風土の改革	コンプライアンスに対する役員および従業員の意識向上を図る施策
3	内部通報制度の実効性の確保	内部通報制度の導入・強化
4	内部監査部門の監査体制	内部監査の強化
5	業績管理の実効性の確保	職務分掌の徹底
6	リスク評価および対応	

出所：日本公認会計士協会 [2018] pp.10-12, 22-21をもとに作成。

4 中小上場会社における会計監査人の視点による全社的な内部統制

1. 中小規模の特徴

　監査・保証実務委員会報告第82号では，付録5において，「中小規模企業」の内部統制監査上の留意点の記載がある。中小規模企業は，事業規模が小規模で，比較的簡素な構造を有している組織等を指しており，その特性を**図表4-8**として示している。ただし，組織等の実態に応じて適切に判断する必要があるとしている。また，内部統制の統合的フレームワークでも，収益，時

図表4-8　82号における中小規模企業の特徴

- 事業の種類が少なく，各事業において生産又は販売する製品も少ない。
- 業務プロセス及び財務報告プロセスが複雑でない。
- 販売されているパッケージ・ソフトウェアをそのまま利用するような比較的簡易なシステムを有している。
- 経営者が日常の業務活動において広範な関与を行っている。
- 経営者が広範な統制責任を持っているフラットな組織である。

出所：日本公認会計士協会 [2020a] p.111。

図表4-9　内部統制の統合的フレームワークにおける中小規模の事業体の特徴

- 事業ラインの数と各事業で取り扱われる製品ラインの数が少ないこと
- マーケティングの焦点がチャネルまたは地域の点から集中していること
- 利益または権利の重要な持分を持つ経営者がリーダーシップを発揮していること
- 経営者の階層が少なく，各経営者が広範な管理を担っていること
- 取引処理システムの複雑性が低いこと
- 構成員が少なく，多くの人員が広範な職責を持っていること
- 法務，人事，会計，内部監査のようなサポート・スタッフのポジションだけでなく，ラインにおける豊富な人的資源を維持する能力の制約

出所：COSO [2013]，訳書p.193。

価総額またはその他の要素の観点から中小規模の定義は行っておらず，**図表4-9**のような特徴があるとしている。ただし，この特徴はどれもそれ自体が決定的なものではないとしている。両者において共通点は多く，中小規模に関して検討する際に，あくまで企業実態に応じて判断していくこととなるが，参考になると考える。

　今回ヒアリングを実施した会社は，専任の内部監査人が2名以下の上場企業ではあるが，必ずしも上記の特性をすべて満たしているわけではなかった。ただし，**図表4-9**の最後に内部監査が例示されているが，豊富な人的資源を維持する能力の制約に該当していることから，当研究グループで設定した中小上場会社は，中小規模の特徴を有していると考えることができる。規模の大きさで考えると，内部監査部門を設置した際の間接コストは大規模上場企業と比較して中小上場会社の方が割合的に高くなるため，制約となることが十分考えられる。このため，単に必要というだけではなく，いかに効果があるかということが示されることが充実につながると考える。

2. 監査における対応

　中小規模企業では，経営者の経営哲学や経営スタイルが，統制環境等の全社的な内部統制に多大な影響を及ぼすことがあることに留意が必要としている（日本公認会計士協会［2020a］p.112）。そして，特に次の点に留意してリ

スクの評価を実施するとともに，その結果得られた監査証拠について十分検討する必要があるとしている。

- 経営者の誠実性および倫理観の評価
- 取締役会および監査役会の独立性およびその構成員の資質の評価
- 内部通報の仕組みなど通常の報告経路から独立した伝達経路の状況の評価

　上記は，「3. 大規模企業と新興企業（中小上場会社）における開示すべき重要な不備事例分析」の**図表4-7**における，コーポレート・ガバナンスの強化とコンプライアンスに対する役員および従業員の意識向上を図る施策，内部通報制度の導入・強化と対応していると考えることができる。特に，最初の2項目は大規模上場企業と比較して，より重要になると考える。なお，三様監査を意識すると，情報の共有化を意識したコミュニケーションが重要になると考える。人的な経営資源が制限されるだけに，効率面からもこの点がいかに整えられているかが監査の面からも重要ではないだろうか。

　ただし，監査の現場において，たとえば，経営理念はあるが社内に浸透していないと感じる場合，内部監査人が総務部と兼務で1名しかいない場合，内部通報制度が設けられていない場合など，実施基準の42項目としては会社が整備状況および運用状況について有効としている場合，会計監査人としてどう対応するかは悩ましいのではないかと考える。望ましい姿は想定できるが，大規模上場企業と比較して間接コストの増加の影響はより大きいため，内部統制監査においては適正であったとしても，財務諸表監査においてはリスク，特に経営者による内部統制の無効化のリスクが生ずる可能性については十分留意して監査を実施することが必要となる。

　次に創意工夫について検討する。「内部統制報告制度に関する事例集」では，事業規模が小規模で，比較的簡素な組織構造を有している組織等の事例として，全社的な内部統制の評価として，監査役と内部監査人が定期的，あるいは適時に打ち合わせを行うなど適切な連携を保つことにより，効果的・効率的にリスクを抽出した事例が記載されている（金融庁［2011b］p.4）。

図表4-10 ヒアリング調査結果における創意工夫の状況

会社	内容
B社	・社長と監査室とのコミュニケーションは良い。 ・社長が現場に行くと本音が出ないが，監査室長には本音を出す。監査室長は経営的な観点で行動し，監査の枠を越えている。 ・月1回，監査等委員会と監査室のコミュニケーションは行われている。 ・監査法人の内部統制監査時には監査室長が立ち会っている。 ・監査法人の監査等委員会への報告時には，経理部門，監査室も同席している。
C社	・経営者はJ-SOXの取り組みについて十分理解しており，内部統制評価の最終報告を取締役会に報告している。 ・内部監査と監査役の連携は，常勤監査役と必要な都度柔軟にミーティングを行っている。監査役と公認会計士の間でも四半期に一度のミーティングが実施されている。内部監査と会計士との連携も1〜2か月に1回，監査法人の往査時に打ち合わせの場が持たれている。常勤監査役と社長も月に1回のミーティングを実施している。 ・当年度の監査内容に合った監査シートフォーマットの作り方を工夫することで効率的に進められるよう配慮している。
D社	・内部監査室は存在しておらず，内部統制評価は他部署による評価を行っている（例：経理業務は総務部メンバーがチェックする等）。これにより全社員の内部統制意識の高まりと，他部署の業務の理解が進み，縦割りの弊害の発生を防ぐことにつなげたいと考えている。 ・小規模組織で内部統制への意識を高く維持するには，①経営トップの理解と，②複数の従業員の理解が必須と考え，①として仕事で何かミスが生じたときには内部統制のルールを見直す，②として監査法人からの提案を受けたり，社外の内部統制に関する研修に参加する際は，必ず複数の従業員が関与することを意識している。
E社	・J-SOX向け内部監査は，評価の過程で会計監査人と緊密な連携を計り，その他の内部監査については，担当部署（経営監査室）の責任者が毎月の監査役会に陪席して監査結果を共有するとともに各監査役と意見を交換している。社長への報告は毎月1回行っている。 ・監査法人とは，四半期に1回，四半期決算のレビュー結果，通期決算の監査結果などを経営監査室および各監査役と共有。
F社	・内部監査の監査時に監査等委員が同席し，同時進行（別の視点で実施）。効率性と実効性の確保にもつながる。また，経理担当取締役も同席しており，経営陣による理解・協力が得られている。 ・年1回，三様監査の関係者全員が参加して打ち合わせをしている（監査等委員と会計監査人との会合に内部監査人も同席）。 ・内部監査において，コミュニケーションツールを使って，監査の目的，項目，日程，提出の書類，質問の内容を担当者と上長の全員へ送っている。事前準備に加えて，事後でも利用している。
G社	・内部監査室は室長1名の体制であるため，中小企業診断士の資格を持ちJ-SOX経験者であるコンサルタントを利用している。 ・四半期ごとに行っている会計監査人と監査役との打ち合わせに内部監査室長が参加している。また，社長と副社長も参加している。
H社	・外部専門家（会計士）の活用（内部監査業務の委託や，内部監査内製化のためのコンサルティングを受けている）。 ・年に数回程度内部統制委員会を開催している。委員会には，管理本部長（常務取締役）が委員長を務め，各部部長職クラスが参加し，監査指摘事項について内部統制の改善を実施している。

出所：「付録　ヒアリング結果」をもとに作成。

図表4-10のヒアリング調査結果においても，多くの会社でいろいろな工夫を行っていることを確認できた。このヒアリングの内容に関して，以下において検討する。

　三様監査の観点では，内部監査担当者が監査役等に加えて，会計監査人とのコミュニケーションを実施しているケースや，三様監査の当事者が一度に集まる機会を設けているケースが大部分で実施されており，議論を通じた深い情報共有が可能になるとともに，課題への対応も進めやすくなるのではないかと考える。また，B社のように監査法人の内部統制監査時には監査室長が立ち会っているケース，F社のように内部監査の監査時に監査等委員が同席して，より効率性と実効性の確保を求めるケースは，結果としての報告書を閲覧するよりも，現場での状況を直接，別の視点で確かめることが可能となるだけに，中小上場会社における1つの創意工夫の手段であると感じた。経営陣との距離の近さも1つの特徴であり，情報共有に加えて，情報入手のスピードの向上や監査役等をはじめとした経営陣がリスクに関する情報を入手しようとする動きが見られた。また，外部の専門家を活用する動き（G社，H社）も中小上場会社における有効な手段と考える。

5 ｜ 中小上場会社における全社的な内部統制の向上

　中小上場会社を中心として全社的な内部統制を会計監査人の視点から検討してきた。開示すべき重要な不備の事例でも，全社的な内部統制の問題であることは数多く見られており，全社的な内部統制が有効であることは企業経営の観点からも重要となってくる。ただし，全社的な内部統制が内部統制監査や財務諸表監査において重要である反面，定性的な面が強く，財務諸表項目との直接的なつながりも弱いことから，会計監査人としても問題があると考えても，どこまで指摘や指導が可能かは悩ましいのではないかと感じている。中小上場会社として専任の内部監査人が2名以下の上場企業という前提

を置いたが，内部監査などの間接部門に対しての間接コストが大規模上場企業と比較すると割合的に高くなることもあり，人的資源を維持するのに制約があることも留意する必要がある。

8 社ではあったが，今回のヒアリング調査結果を踏まえると，内部統制報告制度に関する事例集で紹介されているように，制約がある中で多くの創意工夫がなされており，特に，監査役等をはじめ経営陣がリスクに関する情報を入手しようとする動きは，重要ではないかと考えている。また，内部監査部門が監査役会に定期的に参加したり，監査役等や財務担当取締役が内部監査や財務諸表監査に立ち会い，より早く正確な情報を入手したりするという動きもあった。内部統制の構成要素である情報と伝達の実効性を確保し，統制環境が有効に機能することが，中小上場会社において特に重要になるのではないかと考える。

不正事例の分析では，内部監査の機能不全のケースが存在していたが，人的な制約の中でいかに有効な内部統制を整備・運用するかという意識を持たなければ，問題が生じてしまうのではないだろうか。ヒアリングの中で，経理の担当者が辞めて人員が不足している時に，社長は補充は不要と考えていたが，監査法人が補充が必要だと言ってくれたという発言があった（付録ヒアリング結果　No.5　G 社）。これは，監査人の指導的な機能の発揮であると感じている。同様に，内部監査が有効でないと判断されるときは，会計監査人から積極的に指導していくことも重要ではないかと考える。実施基準では，内部監査が一定の水準で実施されることが期待されており，日本取引所自主規制法人［2018］でも，内部監査部門などに関して実務運用を支援する体制の構築にも配意が必要としている（p.4）。内部監査に関して，義務化することも 1 つの検討課題として挙げられるのではないかと考える。また，人的制約に対しては IT の活用による対策も有効であると考える。

［参考文献］

金融庁［2011a］「財務報告に係る内部統制の評価及び監査の基準並びに財務報告に係る内部統制の評価及び監査に関する実施基準の改訂について（意見書）」3月30日.

金融庁［2011b］「内部統制報告制度に関する事例集—中堅・中小上場企業等における効率的な内部統制報告実務に向けて—」3月31日.

金融庁［2019］「財務報告に係る内部統制の評価及び監査の基準並びに財務報告に係る内部統制の評価及び監査に関する実施基準の改訂について（意見書）」12月6日.

東京証券取引所［2018］「コーポレートガバナンス・コード」.

COSO［2013］ *Internal Control-Integrated Framework*.（八田進二・箱田順哉監訳［2014］『内部統制の統合的フレームワーク』日本公認会計士協会出版局）

日本公認会計士協会［2016］会長通牒平成28年第1号「公認会計士監査の信頼回復に向けた監査業務への取組」1月27日.

日本公認会計士協会［2018］監査・保証実務委員会研究報告第32号「内部統制報告制度の運用の実効性の確保について」4月6日.

日本公認会計士協会［2019a］監査基準委員会報告書315「企業及び企業環境の理解を通じた重要な虚偽表示リスクの識別と評価」6月12日改正.

日本公認会計士協会［2019b］監査基準委員会報告書610「内部監査人の作業の利用」6月12日改正.

日本公認会計士協会［2020a］監査・保証実務委員会報告第82号「財務報告に係る内部統制の監査に関する実務上の取扱い」3月17日改正.

日本公認会計士協会［2020b］監査基準委員会研究報告第1号「監査ツール」7月15日改正.

日本公認会計士協会［2020c］監査業務審査会「監査提言集（一般用）」7月1日.

日本取引所自主規制法人［2018］「「上場会社における不祥事予防のプリンシプル」の策定について」3月30日.

八田進二［2015］「報告不正とアカウンタビリティー」『会計プロフェッション』第11号，pp.105-116.

第 **2** 編

紙上パネルディスカッション
中小上場会社の
7つの疑問に答える

第**5**章

Q1 内部統制の効率化を図るための ITの活用について教えてください。

【 中小上場会社では効率性の観点が重要 】

司会 中小上場会社の内部統制の担当者と話していると，規模が大きくないために，内部統制報告制度（いわゆる J-SOX）の負担が大きいと感じていることをよくお伺いします。特に，ダブルチェックという話は，大規模上場企業では当たり前の議論がありますが，管理部門等の間接部門の強化は間接費の上昇につながるため，社内に強い抵抗が生じるようです。

　　そこで，IT を活用できれば，初期の投資は必要ですが，費用対効果もある有効な内部統制を構築・運用できると考えておりますが，いかがでしょうか。

A氏 確かにダブルチェックは基本ですが，規模が小さいほどこの負担は大きくなると考えます。これはチェック自体が直接的に利益を生むものではないので，特に人員の増員の話となると間接部門のコストの割合が増加傾向となるからです。でも，リスク・マネジメントの観点からも，このチェックをおろそかにすると大きな問題となることは不正会計の事件からもわかると思います。

B氏 そのとおりだと思います。確かに IT の活用は有効です。ポイントは２つあると考えており，第１は，チェック自体を IT に任せること，第２は，自動化して人間を介さずに処理できることであり，この２つを意識すると費用対効果がある内部統制につなげることができると思います。

【 ITを活用した効率化の事例 】

司会 Ｃさんは公認会計士として会計監査でいろいろな会社に関与されていますが，具体的な事例を教えていただけますか。

C氏 効率化になると感じる事例を１つお話しします。それは ID の管理についてです。ID とパスワードは本人の鍵となりますので，この管理は登録・変更・削除というフローおよび ID の棚卸というストックの両面から内部統制を整備・運用しなければなりません。多くの会社がこの作業を紙の書類や Excel 等

を利用したメールベースで実施していると感じています。監査では正当性や網羅性の観点で検討しますが，承認者と申請者とが同一であることや権限の誤りなどの問題が散見されます。

　そこで，ワークフローシステムを入れると，権限設定を適切に実施する必要がありますが，権限の妥当性や網羅性の観点からは効率化が図れ，関与した先では費用対効果もありました。また，人事システムと連動する場合は，IDの登録・変更・削除が人事システムで行われ，人事データとID間で整合性が取れるため，有効な方法となります。

A氏　ワークフローシステムとしては，稟議システムや経費精算システムもありますね。経費精算システムであればクラウド型もあり，外出先のスマホでも処理が行えますし，内部統制の観点では，精算が未了の経費や承認漏れの申請に対して有効に機能します。ここにキャッシュレス化を促進していくと現場での現金管理の問題も生じにくくなり，費用対効果の面でも望ましいと感じています。

【 RPAの活用による内部統制の効率化 】

司会　最近，RPA（Robotic Process Automation）の活用が話題となっていますが，内部統制の効率化からBさんいかがでしょうか。

B氏　PCの自動化技術であるRPAの利用も重要ですね。当社は積極的に活用しておりますが，たとえば**図表5-1**のように，販売システムからCSV形式でデータを出力し，これをExcelで加工してから会計システムに取り込むということを手作業で実施していましたが，RPAで自動化でき，大幅に効率化が図れました。内部統制の観点でも，情報の正確性と網羅性が重要となりますが，加工処理と会計システムへの取り込み処理も自動化しているので，サンプリングも1件で問題ないとしています。

C氏　でも，業務プロセスが変更した際に，RPAでの変更が必要となるかどうかを検討する必要があります。その意味では，IT全般統制を意識しなければならないことは，重要ですね。

司会　いろいろと議論いただきありがとうございました。費用対効果を意識する必要がありますが，最近難しいと感じるのは，社内に今までの作業を変えたく

図表5-1　RPAの活用

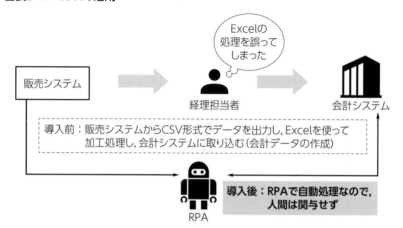

出所：筆者作成。

ないという抵抗勢力があり，この抵抗勢力をどうやって説得して，内部統制の効率化を実現するかということです。できない理由を探すのではなく，費用対効果があり，内部統制の効率化につながるのであれば，ぜひ積極的に検討いただきたいと思います。

Q2 内部監査人の本音とは？

司会　今回は中小上場会社の内部監査人の方に集まっていただいて，本音で現状と課題についてお話ししていただきます。それでは大雑把にご自分の経歴と現状についてお話しください。

A氏　自分は入社以来20年間ずっと営業一筋で頑張ってきました。前職は営業部長でまだ営業現役でやれると思いますが，後進にポジションをあける意味で内部監査部長として着任しました。内部監査部に来て2年になります。当社には私1人しか内部監査人がいません。営業についての監査だけをやっています。全部の仕事を1人でするのは大変です。特にパソコンを使うのは苦手です。人事評価は監査に来て下がっています。だいたい，何を基準に評価されているのかもわかりません。それが，最大の不満です。

司会　これは，〈内部監査人の社内評価〉の問題ですね。

B氏　私は，社長から当社も大きくなってきたので内部監査が必要だと考えるからよろしく頼む，と言われて内部監査部を立ち上げて5年になります。いろいろ，勉強をして内部監査を行ってきましたが，会社の役に立つ監査ができていないように感じて悩んでいます。年齢的なものもあり後継者を会社に要求していますが，まだ配属されていません。配属されても教育する自信がありません。人が最大の問題です。

司会　これは，〈会社のためになる内部監査〉の問題ですね。

C氏　私は，J-SOXを契機に当社に転職してきました。前職もやはり内部監査を行ってきました。J-SOXを契機に人材採用しているので，当社の経営層は内部統制，内部監査に一定以上の理解があります。現状では，一般的な内部監査以外の管理部門がするべきデータ分析までが私の仕事になっています。内部監査は計画，実施，報告まで私1人で実施しており，現状では本当に内部監査の重要性が社内で理解されていないと考えています。内部監査が完全に個人に依拠している状態なのが問題です。

司会 これは，〈内部監査の課題〉の問題ですね。ざっくりお話を聞かせていただきました。今回は，社内プロパーの方が2名，中途採用者が1名ということです。ここからは，問題として挙がった点について，出席者の皆さん同士で話し合ってください。

【 内部監査人の社内評価 】

C氏 Aさんに質問です。Aさんのお話を聞くと内部監査人としての意識があまりないように感じます。むしろ，いやいやされているように感じます。それについてはいかがでしょうか？

A氏 そのとおりです。自分は営業が一番だと思っており，今でも戻りたいです。本音では内部監査に自分がいるのはミスマッチだと断言できます。最低限，人事評価は基準を明らかにしてほしいです。社内の生え抜きなので配置転換も希望しています。

C氏 それでは内部監査もほとんどできていない状態だと判断します。せっかく，内部監査に配属されたのであれば，今後のキャリアのためにも頑張ってはいかがでしょうか？

A氏 それはCさんが内部監査の専門職で経営者との関係でも恵まれているからです。中小上場会社の内部監査でそこまで恵まれている人はいないですよ。何の参考にもなりません。だいたい，私に何を期待しているのかもわかりませんし。

B氏 私も生え抜きですので一言。私が内部監査に来たのは経営者の意向であり，事前に人事評価，私への要求をある程度明らかにしてもらっていました。それがなければAさんのようになっていた可能性が高いです。中小上場会社では，生え抜きと内部監査の執行を目的とした中途採用との違いは大きいです。だいたい，中小上場会社では何でも屋が必要なので，経理，製品開発等の専門性がわかりやすい部署に最低限の専門職しかいません。内部監査のように仕事がわかりにくい場合，専門職を採用することはまれです。CさんもJ-SOXがなければ入社することも困難だったと思います。

C氏 どうも，私への風当たりが強いようです。もちろん，私が恵まれている立場だということは理解しています。それでも，中小上場会社の内部監査に対し

て，何か参考になることはないのでしょうか？

【 会社のためになる内部監査 】

司会　ヒートアップしてきました。この座談会をした甲斐があったというものです。少し，頭を冷やしましょう。さて，Ｂさんは生え抜きにもかかわらず内部監査人として積極的に仕事をされています。最初の発言で会社のためになる監査ができていない，と述べておられますが，Ｂさんにとって会社の役に立つ監査とはどのようなものでしょうか？

Ｂ氏　それがわからないから問題なのです。経営者に指示されたことは確実に実施しています。これが経営に資すると思っていますが，それだけでは不足しているように感じています。Ｃさん，何か意見はありませんか？

Ｃ氏　私見になりますが，経営者の意思決定の助けになる情報を届けることが経営に資することになると思います。経営者に届く情報は集約されたものか，報告者が重要と考えたものです。それを第三者視点で評価できる資料を報告することによって補強できれば，十分な価値があると考えています。まあ，経営者が内部監査に何を求めるかはそれぞれ異なるので，絶対的な答えはないと思いますが。

【 内部監査の課題 】

司会　最後に，今後皆さんが目指していくものについて話をしてください。

Ａ氏　とりあえず，他部門に異動したいです。私には内部監査が何かわかりません。最低限の知識として指定された書籍を読んでもわかりません。年かもしれませんが，経営者が私にどうしてほしいのかを示してもらえればありがたいです。

Ｂ氏　最初にもお話ししましたが，後継者ですね。素人の私でも何とか内部監査ができているので，後継者も生え抜きで欲しいです。でも欲しい人材は他部門とも重複するのでなかなか回ってきません。内部監査では社内人材を異動させることへの社内の優先順位が低いと思います。その意味では，当社の内部監査部門の評価は私が認識しているほど高くないのかもしれません。

Ｃ氏　私は自分自身の意識改革です。私は中途採用なので当社で自分の居場所を

作るために経営者に求められた業務以外にも，できることは積極的に手伝って
きました。その結果が，社内の何でも屋という評価として表れています。社内
での私のポジションもある程度固まってみると，純粋な内部監査の仕事の比率
が下がっていると感じています。現状では，私の仕事＝内部監査になってしま
い，本来の組織としての内部監査より範囲が広がっています。当社の将来を考
えると，内部監査の業務と私個人がやっている監査以外の業務を切り離す必要
があります。その前提として，自分自身の意識を「できる業務をすべてやる」
から「できる仕事を断ってでも優先して内部監査の業務を実施する」に切り替
えることが必要です。この意識改革を前提に，当社の内部監査を後継者に引き
継いでいくのがこれからの目標です。

司会　本日の内容を私の方でまとめると，次の3点が重要となるのではないで
しょうか。
　　①内部監査が会社にとって有効なものかは経営者の意思による。
　　②内部監査部門の人事評価が公平で公開されていないとモチベーションが低
　　　下する。
　　③経営に資するためには経営者の指示に対して答えを出すことが大前提とな
　　　る。経営者の意図を汲んで自律的に対応し，その結果が経営者の意思決定
　　　に反映できれば監査人として十分な役割となる。
　　さらに，後継者問題が今後の1つの大きな課題といえると思います。皆さ
ん，お疲れさまでした。本日はこれで終了です。

〔座談会の終了後〕

司会　Aさんは本人も会社も不幸だなあ。多分，全社的な視点を持たせるための
内部監査への異動だと思うが，もう少し会社が配慮して説明をすればもっと別
の展開があったろうに。Bさん，Cさんともに経営者との意思疎通が良好なの
が，成功の基盤になっている。生え抜きでも中途採用でも，十分に内部監査人
としてやっていけることがよくわかる。

Q3 監査役・監査等委員・監査委員, 監査等委員会・監査委員会 (「監査役等」) が利用できる スタッフが総務等を兼務する1人しか いませんが問題はありますか。

【 中小上場会社では監査役スタッフはいないケースや, スタッフがいても兼務のケースが圧倒的に多い 】

司会 日本監査役協会や日本内部監査協会のアンケート結果によると, 中小上場会社では監査役等のスタッフ (補助者) がいないケースや, スタッフがいる場合でも, 総務・経理・財務等の所属の社員が兼務している企業が多いようですが, 皆様の会社の実情を教えてください。

A氏 当社は監査役会設置会社ですが, 監査役スタッフは専任・兼任ともにいません。監査役室はありますが, コピー機もないので, 業務監査の報告書や監査役会の議事録の作成・コピー等も, 常勤監査役である私が自ら起案し, コピーをとり, 社外監査役に配布したりしています。

B氏 当社も監査役会設置会社ですが, 総務部所属の社員1名が監査役のスタッフを兼務しています。兼務スタッフは社員として, 他部署の社員とフランクに情報交換を行っていますので, 監査役として積極的にとりにいかなければ収集できない情報も, 兼務スタッフのもとに集まる情報でカバーできるという利点もあると感じていますので, Aさんに比べるとまだ恵まれていると思います。それでも当社の総務部は法務も兼ねる少人数の部署であるため法務等の仕事が立て込んでいるときは, 監査役のスタッフとしての業務は頼みづらいですね。

C氏 当社も監査役会設置会社です。内部監査部門の社員の1名が監査役のスタッフを兼務しています。

D氏 監査等委員会設置会社である当社も, 内部監査部門の社員の1名が監査役のスタッフを兼務しています。以前は, 財務・経理部門の社員が監査スタッフ

を兼務した時期がありましたが，内部監査部門の社員に監査等委員会にオブザーバーとして同席してもらうようにしてから，監査スタッフを内部監査部門の社員が兼務することになりました。

【 兼務スタッフが対応する業務について 】

司会 Aさん以外は，監査スタッフのサポートが重要だと認識しておられるとのことですが，①往査先に監査スタッフを同行するか，②往査後のフィードバックを監査役等が取締役・執行部門にした後，改善等についての進捗状況の確認は監査役等自らしているか，監査スタッフに担当してもらっているか，③稟議決裁書の閲覧等の後，監査スタッフに担当してもらう業務等がありましたら，お話しいただけますか。

B氏 ①監査スタッフを同行することはリソースの関係で難しく，していません。②改善等についての進捗状況も監査役が確認していますが，業法がかかわるケース等では，監査スタッフを通じて法務室とも連携をとって改善の進捗状況のモニタリングを行っています。③稟議書の閲覧は，総務の法務室がチェックを事前にしているので，サンプル抽出で閲覧しています。法的に疑義があるものについては兼務スタッフから別途報告を受けています。

C氏 ①監査役スタッフは内部監査部門の兼務者ですので，監査役スタッフが同席しないときでも内部監査を実施した担当者を通じて情報は共有できています。②改善状況については監査役スタッフにお願いしており，改善が捗々しくないときは監査役として改めて担当取締役・執行部門に改善を促しています。③は社長決裁書，本社部長室長決裁書は特に重要なものを選定して閲覧しています。また，当社では監査役も内部通報窓口となっているため，内部通報を受けて調査を行うことがありますが，通報に対しては監査役単独で動くことはせず，コンプライアンス委員会を組成して対応しています。その際，監査スタッフが委員会メンバーに入らない場合でも，通報された情報は監査スタッフにも共有しています。

D氏 ①監査等委員会スタッフは，内部監査部門の兼務者ですので，Cさんと同様の対応です。②についても，内部監査との情報共有が望ましいとの考えから，基本的にスタッフに改善状況の確認をお願いしています。③は組織監査を行っているため，稟議書の閲覧対象に契約書は含めていないという点がB，C

さんとは異なります。

【 内部監査部門の社員を監査役スタッフとする場合の功罪 】

司会　内部監査部門所属の社員が監査役のスタッフを兼務する場合，どのような面でメリットがあり，また，デメリットがあると感じますか。

C氏　監査役とは視点は異なりますが，監査についての基本的な知識やリテラシーを備えているので，監査役にとっても有益なサポートが期待できます。ただ，年齢も，他部署の部長クラスと同様（50代）なので，事務的なことを頼むことは気が引けます。また，内部監査部門は社長直属の組織で社長の全面的な指揮下にあり，社長・内部監査部門ともに，内部監査部門は経営者の耳目として経営に貢献する存在と考えているようです。したがって，監査役スタッフを兼務しているといっても，社長が望まないであろう監査についてのサポートを内部監査部門の社員に期待することは難しいのではないかと感じています。

B氏　当社の内部監査部門は，ルール違反を指摘して是正を求める準拠性監査にとどまらず，いわゆる経営監査（内部統制，リスク・マネジメントおよびコーポレート・ガバナンスについて経営責任が果たされているかどうかを評価し，必要に応じて改善提案に取り組む）を行っていますので，監査スタッフを兼務すると，経営監査の業務と相容れない場合が生じてしまうことが考えられるため，兼務は難しそうです。

D氏　監査役スタッフ兼務といっても，内部監査部門に所属する社員ですので，監査スタッフの人事評価や人事異動等は内部監査部門長の意向が強く働きます。また，現在，当社の内部監査部門は，IT監査の課題に重点的に取り組んでいるので，監査役が本社と離れた支社・支店の往査をする場合，内部監査部門内部監査の業務が忙しいときは，監査役に同行できず，監査役のサポートがしてもらえない事態が生じています。

【 兼務スタッフ1名であることについての留意点 】

司会　専任ではなく，他部署の兼務者1名の会社ではどのような工夫をしていますか。

B氏　当社の常勤監査役は私もそうですが，営業出身者がつくことが多く，経理・

財務の知見が十分とは言えません。伝統的に監査役スタッフは，財務・経理部門の社員が兼務しているので，監査役に就任してわかったことですが，監査計画の策定，業務監査スケジュールを含めた年間スケジュールの作成，監査報告の作成，業務監査のときだけでなく，会計監査人の監査の相当性を判断することも，監査役スタッフのサポートがなければ不安ですので，非常に助かっています。ただ，人事評価（人事考課・懲戒等も含む）や人事異動等は本来の所属部署である財務・経理部の部門長の意向が強く働きますので，監査役としては，監査スタッフとしての貢献度を人事評価や人事異動等に反映してもらうことが，監査スタッフが躊躇することなく働いてもらえるために重要だと思っています。そのために，財務・経理部長には，監査スタッフとしての貢献度をきちんと説明し，それが人事評価等に適正に反映されるよう要請しています。

C氏　内部監査部門が監査を行うときに，監査役も同席して内部監査と異なる監査役の視点から同時並行して監査を実施することで，監査対象となる事業部門にとって監査役監査，内部監査部門より別々に監査を受ける負担を軽減でき，また，効率的・網羅的な監査を行えるよう心がけています。

D氏　当社も同じですね。監査等委員会としての業務監査は，内部監査部門が監査を行うときに常勤監査等委員である私が内部監査部門の社員に同行して実施しています。監査計画の策定や時期等について，内部監査部門との連携はスムーズにできていると感じています。往査で支社・支店に行くときは，飲ミュニケーションを心がけています。また，代表取締役との面談協議や内部監査部長とのミーティングのときも，内部監査部門の社員が監査等委員会のスタッフ兼務として遂行することについての独立性を担保することと，適正に評価してもらうことの重要性を説いています。ただ，実際に監査委員会等のスタッフとしての独立性や人事評価等が本来の内部監査部門の社員として行われているのか，判然としていない状況です。

司会　中小上場会社では監査スタッフは限られて，他部署の兼務スタッフが多く，中でも内部監査部門との兼務スタッフが多いようです。その場合でも，内部監査の職域が企業ごとに異なる上に，本業の他に監査スタッフとしての職務を行ってもらうため，監査役等として創意工夫しておられることがわかりました。ありがとうございました。

Q4 コントロールが多いと感じていますが，コントロールの見直しについてアドバイスをいただけないでしょうか。

司会　業務プロセスにおいて，文書化したコントロールの数が多く，毎年の整備評価・運用評価に苦労している会社も多く見られます。このような会社において，具体的にどのように評価対象とするコントロールの数を削減するのがよいでしょうか。

〖 評価範囲やキーコントロールを絞り込む 〗

A氏　コントロールの数が多い会社においては，リスクアプローチが徹底されていないケースが多く見られます。これは文書化時に，自社の財務報告にかかるリスクコントロールを具体的に検討するのではなく，ひな形等を参考に自社で実施しているコントロールすべてを文書化したことなどが原因として考えられます。これを改善するためには，改めてリスクアプローチに基づいて文書化を見直す必要があります。

B氏　そうですね。このような会社は私も多いと思います。

　リスクアプローチに基づいて文書化を見直す場合には，評価範囲→リスク→コントロールの順に見直すのがよいでしょう。コントロールの数が多い場合，どうしてもコントロールから直したくなってしまいがちですが，重要な勘定科目→対象拠点→対象プロセス→対象取引パターン→リスク→コントロールの順で，上流から下流に向けて直していく方が手戻りも少なく合理的です。

C氏　実際に，評価活動効率化のためコントロールの見直しを行った後，その結果としてリスクの選定方法に問題があることがわかった会社がありました。翌年度リスクを見直した際，リスクに対応するようにコントロールを再度見直すことになってしまい，二度手間となってしまいました。

B氏　わかります。同じような会社を見たことがあります。

A氏　ですので，まずはリスクアプローチに基づいた評価範囲の見直しですね。

金額および質的重要性の観点から，重要な拠点・重要な業務プロセス・各業務プロセスに含まれる取引パターンを分析し，財務報告リスクの低いものを洗い出し，評価対象外とします。これにより，評価対象とする組織・業務プロセスおよび取引パターンを減少させることができます。

C氏　このような目線で見ると，金額が大きくなく，業務も定型的でリスクの低い備品や部品購買のプロセスを外すことができるケースがありますね。

B氏　各拠点において業務の変更や売上高の変動が発生することがあるため，評価範囲について定期的にリスクベースで見直すことは，J-SOX評価活動の効率性の観点でも，実効性の観点でも重要ですね。見直した評価範囲はすぐに外部監査人と確認するようにしましょう。

A氏　評価範囲の見直しが終わったのち，リスクの見直しに取り掛かるとよいでしょう。リスクの数が多いと感じている会社では，リスクの見直しは大きな効率化につながる可能性が高いでしょう。

C氏　コンサル会社等から入手した標準のリスクリスト等を自社用にカスタマイズせず，そのまま使っている会社ではこの傾向が強いですね。文書化の見直しをどこからやればよいのか悩んでいらっしゃる会社は，まず，自社のリスクとコントロールの数をカウントしてみるとよいと思います。具体的には拠点ごと，プロセスごとにリスク数・コントロール数の一覧表を作成してみるだけです。一覧化してみると，リスク数・コントロールが他と比べて多くなっている拠点やプロセスが見つかります。このような拠点プロセスは文書化見直しにより効率化の効果が出る可能性が高いでしょう。

B氏　リスクの見直しの際，財務報告に関連したリスクか，自社の業務の流れ上発生し得る重要なリスクなのかという観点が挙げられます。リスク数が多すぎる会社の文書を見てみると，財務報告に関係しないビジネス上のリスクが記載されているケースも多いですね。

　商品の販売価格が妥当でないリスクや実需に合わない過大な発注を行うリスクは，会社にとっては非常に重要なリスクであり，管理すべきと考えられますが，これらは主にビジネス上のリスクであり財務報告リスクからはやや遠いと考えることもできます。会社の業態や業務の流れによっては評価対象外にできる可能性もあります。

　　財務報告上はこれらビジネス上の意思決定に基づいて，取引が正しく行われ，記帳されることに焦点を当ててよいと考えられます。

A氏　このほかには，リスクを過度に細分化していないかという観点が挙げられます。業務のステップごとにすべて「xx業務を誤るリスク」「xx統制が行われていないリスク」などを記載している会社もありました。このような場合業務単位で考えるのではなく，勘定科目が誤ることにつながるリスクが発生するポイントはどこかというトップダウンの目線で見直し，統合するのが有用でしょう。

C氏　リスクの見直しが終わったのち，コントロールの見直しですね。

　　見直したリスクを十分に軽減できるコントロールが存在しているか確認します。リスクの見直しによりリスクの数が削減されていれば，多くの場合コントロールの数もそれにあわせて削減されます。

B氏　リスク低減に直接結びつかない，もしくは弱いコントロールについては，整備運用評価の対象外とすることができると考えられます。リスク低減に主たる役割を果たすコントロール，いわゆる「キーコントロール」のみを整備運用評価の対象とすることで経営者評価の負担を減らすことができます。

C氏　一方で，IT統制の記述が漏れている会社も多く見られます。リスク低減においてIT統制が主要な役割を果たすケースが多く存在します。このような場合，IT統制をキーコントロールとすることで，当該システムのIT全般統制を評価済みの場合は，整備運用評価にかかる工数を削減することにつながります。

A氏　ITを積極的に活用し，IT統制を増やしていくことは，統制業務自体および評価にかかる工数の双方を削減することにつながります。

司会　ここまで業務プロセスにおいて，評価対象とするコントロールの数をどのように削減するかに焦点を当ててきました。このように絞り込んだコントロールの評価を効率的に行う方法は，どのようなものがありますか。

【 整備運用評価の効率化手法 】

A氏　評価手法の効率化においても，リスクアプローチの考え方が有用でしょう。

　リスクが高い分野に焦点を当てた評価を行い，リスクに応じて濃淡をつけることが重要でしょう。適切にリスク評価を実施し，一律のサンプル件数ではなくリスクに応じたサンプル件数とすることで，負担軽減を図りつつメリハリの利いた内部統制評価を行うことができます。

B氏　前年度評価結果の継続利用や，ローテーション評価の導入も効果的です。ただし，間隔をあけすぎると執行部門への内部統制の浸透が弱まる弊害もあります。このため，2年に1度は評価を必ず実施する会社や，あえてこれらの手法を採用しない会社も見られます。

C氏　監査人との協働も効果的です。外部監査人による経営者評価結果への依拠拡大を図ることで，内部統制監査の対応の負荷を軽減することにつながります。外部監査人の依拠を受けるためには，外部監査人の要求を満たす高い品質の手続が求められるため，経営者評価手続について制限が加わる可能性もありますが，活用を検討してもよいでしょう。

司会　皆さん，ありがとうございました。リソースに限りのある中小上場会社においては，業務プロセス評価の効率化・実効性向上は大きな課題となっています。皆さんのコメントからもリスクに応じた対応というのが1つのキーワードになりそうです。

　また，これらの取り組みを円滑に進めるためには外部監査人の理解も重要です。自社の改善取り組み内容を説明し，合意をとりながら進めることで手戻りを防ぐことができると考えます。

$^Q_5$　ITに係る統制には限界が多いのか？

司会　今回は中小上場会社のIT全社統制，IT全般統制，IT業務処理統制（以下，まとめて「ITに係る統制」という）に関係される方に集まっていただいて，本音で現状と課題についてお話ししていただきます。それでは大雑把にご自分の経歴と現状についてお話しください。

A氏　私は，システム監査人の資格を持っており，J-SOXを契機に当社に転職してきました。当社にはシステム部門，内部監査部門はありますが，IT統制および評価について監査法人と話ができる人材がいなかったため，私を採用したようです。私がITに係る統制について直接監査法人のIT専門家と話をしているので，監査法人との調整には問題がありません。ただし，自己評価のみなので統制としては弱いのは否定できません。

司会　これは〈IT部門による自己評価〉の問題ですね。

B氏　私は前職でユーザーのシステム部門でプロジェクトマネージャーをしていました。J-SOXを契機に当社に転職し，ITに係る統制も含めて内部統制全体の統括を実施しています。ITに係る統制に関しては社内調整，監査法人との調整，資料作成，状況評価のすべてを実施しています。ある意味，当社の内部統制全体は私に丸投げ状態になっています。

司会　これは〈限られた人員でどのように対応するか〉という問題ですね。

C氏　私は，社長から当社も上場するので内部監査，内部統制が必要になったからよろしく頼む，と言われて内部監査部を立ち上げて5年になります。いろいろ，勉強をして内部監査を行ってきましたが，会社の役に立つ監査ができていないように考えて悩んでいます。残念ながらITに関しては素人で，監査法人の指導に沿ってITに係る統制を運用しています。当社にとって適切かどうか以前に，問題なく維持することが私の仕事だと割り切っています。

司会　お話を聞かせていただくかぎりでは，中途採用者のシステム監査人でシステム部門の方が1名とシステム部門出身の内部統制担当者が1名，社内プロ

パーの内部監査部の方が1名とうまく分かれた状況になっています。ここからは，問題として挙がった点について，普段の不満を含めて出席者の皆さん同士で意見交換をお願いします。

【 IT部門による自己評価 】

C氏　私に発言できる立場ではないかもしれませんが，Aさんのようにシステム部門にすべてをお願いしてもよいのでしょうか？　どうしても状況評価は第三者がする必要があるように思えるのですが。

A氏　確かにCさんのおっしゃるとおりです。残念ながら当社ではITに係る統制の知識がある人間がおらず，私がすべてを実施しています。運用状況評価だけでも内部監査部門にお願いしたいのですが，知識と人不足で実現していません。中小上場会社のITに係る統制ではよくあると思います。監査法人に言われるままよりは，社内で評価できている方がいいと思っております。その意味で，体制としては教科書に近いBさんの意見を聞かせていただけませんか？

B氏　わかりました。まず，前提としてIT全社統制はざっくりガバナンス，IT全般統制はシステム管理，IT業務処理統制は業務プロセスに係る統制のIT利用部分といえると考えています。一番問題になるのはIT全般統制だと思いますので，ここに絞って話をさせていただきます。IT全般統制はシステムの範囲が肝で，これがシステム部門の管理している範囲と一致すればAさんの対応で問題ないのですが，一部が工場等で対応していると監査法人との間で論点になる可能性があります。そうはいっても，当社も含めて会社規模から考えると無制限にIT全般統制に投資することができません。自己評価を統制にうまく組み込むことでコスト低減もできるので，Aさんのように専門職にお任せすることが1つの方向かもしれません。

C氏　はっきり言うと，Bさんのお話は難しいと感じています。でも，Aさんのようにシステム部門に任せる方がよさそうです。これは，現状でもシステム部門からはここまで詳細な対応が必要なのか？　という不満も上がっているのでちょうどいいと考えました。中小上場会社では，私のような内部監査人が結構いらっしゃるので参考となる意見だと思います。

A氏　結構，高評価なので安心しましたが，ご意見をお伺いしていると少し不安

になる部分があります。システム部門が監査法人の窓口となるためには，B さんもお話しされていましたが，システム管理と IT 全般統制の知識が必要となります。まして有効性と必要工数を企業の想定内に収めて監査法人の承認を得るとなると，システム部門にそれなりの人材が必要となります。そこに目をつぶってシステム部門に任せればいい，ということにはなりません。監査法人の監査チームにシステム専門の監査人がいる場合には，結構普通のシステム部門だけでも対応できます。そうでない場合には，監査法人との打ち合わせには内部監査部門も立ち会う方がよいと思います。最低限，牽制にはなりますから。

［ 限られた人員でどのように対応するか ］

司会　結構，本音が出ていて，お聞きしているだけで問題山積みのようです。基本的にはシステム管理に強い社員をどの部署に置くかという人事政策と連動しているように思います。システム部門から内部監査部門への人事ローテーションがあればいいかもしれません。人的資源に恵まれていない中小上場会社では厳しい意見かもしれませんが。最後に，限られた人員でどのように対応するかという問題に関して，皆さんから一言お願いします。

C 氏　当社は現状の人的資源で対応するのが大前提なので，ローテーションによるシステム部門からの異動はできません。IT に係る統制だけが内部監査での仕事ではないので，それよりはAさんパターンが非常に参考になります。もう少し勉強してみたいと思います。B さんのお話は高度すぎてほとんどわかりません。

A 氏　C さん，参考になると幸いです。B さんのお話は十分理解できますが，そこまで IT に係る統制以外も考慮して対応できるのは凄すぎます。私の本業はシステム部門であり，その延長で内部統制を行っているだけです。主がシステムで小さな従が内部統制なのです。経営者からの信頼もシステム部門としてのものです。私は内部統制の重要性を知っているので責任を持って対応していますが，一般にはシステム部門にそこまでの知識がないので，事前に内部統制についての説明は十分にすることが必要です。B さんのおっしゃった相互牽制のための立会もいい考えだと思います。

B 氏　皆さん，私のことを化け物のように評価するのはやめてください。自分の

持っているリソースをベースにできることをやっているだけです。とは言っても，われわれの規模の会社では IT に係る統制の優先順位を上げることが困難だということが今回の座談会でよくわかりました。私の方法がほとんどの会社では当てはまらないことも理解しました。その上で，できれば実施基準なりシステム管理基準なりに，もう少し具体的な中小上場会社における内部統制の対応方法について記載していただけると幸いです。

司会　皆さん，ありがとうございました。中小上場会社の IT に係る統制はいまだ道半ばということだと思います。企業として幸運にも優秀な人がいればＢさんパターンも可能でしょうが，そうでなければＡさんパターンを中心に検討するのが現実的だと思います。

> **Q 6** 子会社の決算がギリギリになることが多く，またミスが多く，どのように改善すべきか悩んでいます。アドバイスをしていただけないでしょうか。

公認会計士A氏　悩んでおられるのは，子会社の決算が遅くミスも多いことから，連結決算がなかなか締まらない。子会社の決算を早期化したいが，その勘所がわからないということですね。

親会社の経理部長B氏　はい，子会社の決算を早く締められるようにしたいのですが，どうしたらいいのか名案がなく悩んでいます。

A氏　子会社からの連結パッケージ（連結財務諸表の作成に必要な連結資料の標準フォームをパッケージ化したもの）の入手に決算期末日後2週間以上を要している場合は，改善が必要です。改善すべき点は，連結パッケージの早期化はもちろんのことですが，その基礎資料となる試算表の作成期間を短縮する必要もあります。

B氏　子会社には，「もっと早く，ミスのないものを提出してください」と口を酸っぱくして指導しているのですが。

A氏　そんなことをいくら言っても子会社の決算を早期化することはできません。

子会社の経理部長C氏　そうなんです。そもそも上場会社のグループ会社といっても，うちは結局のところ知名度の低い非上場の中小企業ですから，優秀な人材がなかなか入ってきません。連結の基本的な知識さえない担当者にとって，連結パッケージに入力することすら相当レベルの高い仕事を要求されているということを知ってほしいのです。どうしたらよいのでしょうか。

A氏　子会社には優秀な人材はいないという前提で，親会社が子会社を継続的に指導していくしかありません。

B氏　どのような指導をすればよいのか教えてください。

A氏　連結の知識が乏しい人でも理解できるわかりやすい連結パッケージを親会

社が作成し，そのインストラクション（親会社から子会社への業務指示書）を提示して，親会社から子会社に対して定期的に指導するのです。

B氏 当グループでは子会社が少ないことから，インストラクションや連結パッケージは作成していません。子会社から会社法の決算書と税務申告書のコピーを入手し，グループ内部取引やグループ間債権債務の残高などを子会社の担当者に電話やメールで聞きながら連結財務諸表を作成しています。

A氏 えっ，それでは，親会社で連結仕訳を考える都度，その内容を子会社に確認する必要があり，とても効率が悪いですね。また，電話やメールでの回答ではその信頼性も低いのではないでしょうか。子会社に対する指示は電話やメールではなく，誤解が生じないようにインストラクションという文書で行った方がよいと思います。また，準備期間も必要になりますので，連結パッケージを送付する前に，インストラクションを提示しておく必要があります。

C氏 連結パッケージを提示されても，それを埋められるか自信がないのですが。

A氏 連結パッケージには，子会社の試算表だけでなく，連結仕訳に必要な情報，連結財務諸表の注記や附属明細表の作成に必要な情報などが網羅されています。確かに，連結パッケージだけを提示されてこれを埋めてくださいと言われても，連結の知識の乏しい子会社の担当者にとっては厳しいと思います。だからこそ，決算日より前のかなり早い段階でインストラクションを送って準備を促しておく必要があるのです。

C氏 インストラクションを見れば，誰でも連結パッケージが埋められるものでしょうか。

A氏 それは難しいですね。インストラクションには会計基準の変更点や留意事項を詳細に記載し，さらに，連結決算マニュアルを作成し，連結パッケージの入力方法や数値の集計方法等についての手順を明確にしておく必要があります。その上で，親会社の連結担当者が，子会社の担当者を集めて連結決算業務や連結パッケージ作成に関する研修会を実施したり，子会社へ出向いて指導したりする必要があります。

B氏 研修内容はどのようなものでしょうか。単に入力方法を説明しても，こちら側が意図した内容を網羅して正確に入力してくれるとは思えません。

A氏　そのとおりです。入力の仕方を教えるだけではだめです。連結パッケージに入力してほしい情報の基礎資料を関係部門から収集する方法，関係部門による基礎資料の作成および関係部門の上長による承認手続，連結パッケージの入力結果と子会社の試算表や基礎資料との照合方法，連結パッケージ内のデータの整合性の確認方法，前期の連結パッケージの入力内容との増減分析方法，連結パッケージの上長による承認手続などを，親会社の連結担当者が丁寧に教える必要があります。

B氏　確かに，子会社側はいつまでに何をやらなければならないか，そのために事前にどのような準備を行うべきかが明確になりますね。

A氏　そうです。子会社から提出される連結パッケージの精度が向上すれば，子会社との事後的なやり取りの時間もほとんどなくなります。また，決算日前にできることは決算期間中に行うのではなく，決算日前に行うようにします。たとえば，連結パッケージは，決算前に入力できるものがあればあらかじめ入力をしておくように指導するといいでしょう。

　上記の指導に加えて，単体決算そのものの早期化を図る必要があります。目標としては，決算期末日後8日以内に試算表を完成させることです。

C氏　そうはいっても，請求書がなかなか届かないので仕入高が固まらないし，また，在庫の帳簿残高と実残高との間に差異があり，その差異調整に手間取るので，決算を早く締められないのです。

A氏　単体決算がなかなか締まらない会社は，決算期末日後，すぐに数値が固まらない勘定科目に関する経理業務プロセスを見直す必要があります。

B氏　経費や仕入高がすぐに固まらないのであれば，購買プロセスを見直すということですね。

A氏　そうです。業務プロセスを精査し，試算表の作成が遅延しているボトルネックを見つけて，抜本的な業務改善を行わなければなりません。請求書がなかなか届かないので仕入高が固まらないということでしたが，請求書が到着するまで経理部が仕入高を認識できないことは，決算の締めが遅くなるという問題だけでなく，内部統制上も大きな問題があります。

C氏　内部統制上の大きな問題とはどういうことでしょうか。

A氏　仕入先から入手した請求書に基づき仕入高を計上するということは，自ら

発注した商品が入荷していなくても，それを確かめずに仕入先の請求どおりに代金を払ってしまうということですよ。たとえば，商品が入荷していなくても，請求されれば仕入高と買掛金を計上し，代金を払ってしまうということです。さらに，入荷していない商品が帳簿に在庫として計上されるのですから，実在庫との差異が出るのは当たり前のことです。

C氏 ではどう改善すればよいのでしょうか。何がボトルネックになっているのか教えてください。

A氏 そもそも請求書の到着を待って仕入高を計上するというのでは遅すぎます。商品が入荷し検品したときに，仕入先から入手する納品書をもとに仕入伝票を起票すれば，そのタイミングで仕入高の計上は完了するのです。

C氏 現状の購買プロセスは，①発注→②入荷・検品→③請求書入手→④仕入高の計上ですが，③と④の順番を入れ替えるということですね。

A氏 順番を入れ替えるだけでは，内部統制上の問題は何も解決されていません。発注した段階で発注データを購買システムに入力し，商品が入荷した段階で，発注データと納品書を照合するとともに，発注した商品が入荷しているか検品し，間違いないなければ当該納品書に基づき仕入高と買掛金を計上する必要があります。そして，請求書が到着した段階で，帳簿上の買掛金と照合し，差異があればその原因を分析するという手続が必要です。仕入高は仕入先からの請求書の到着を待たなくても，決算期末日後3営業日以内に確定していることが望ましいと思います。

C氏 経理の業務プロセスも改善する必要があると思うのですが，何か着眼点はありますか。

A氏 たとえば，売上，仕入，経費等の伝票の入力を経理部門で行っている場合には，営業部門や購買部門等で行うようにし，経理部門は原則として決算仕訳のみ入力するようにします。そうすれば，決算期間中の経理部門の作業負荷を減らすことができます。

C氏 ほかに考えられることはありますか。

A氏 そうですね。ほかに3つの着眼点が考えられます。

1つ目は，会計システム等の統一です。親会社と子会社で使用する会計システム，採用する会計方針や勘定科目を統一することにより，親会社の連結決算

中の組換作業を削減できます。そればかりでなく，親子会社間の共通言語ができ，親会社と子会社の経理担当者のコミュニケーションがよくなり，子会社から親会社への問い合わせもスムーズになります。

　2つ目は，月次決算での工夫です。月次決算で試算表を作成し経営者に報告するだけではなく，月次ベースで勘定科目明細や増減明細を作成し，その照合や分析作業を行うようにしておけば，四半期決算や期末決算の作業がスムーズに進められるようになり，決算の短縮と精度の向上につながります。

　3つ目は，決算資料の作成・保管での工夫です。決算資料を作成した担当者が個々に決算資料を保管していると，他者が閲覧したい場合に作成担当者に依頼しなければならず，作成担当者が不在の場合に決算資料を閲覧することができなくなってしまいます。そこで，紙媒体の決算資料は1つのバインダーにファイリングし，決算データも共有フォルダーに保管することで，決算資料を経理部内で共有するようにします。また，手書き資料の作成をできるだけなくしてデータで作成しておけば，翌期も前期の決算データを更新することで，手書きで一から資料を作成するという手間も省け，制度も向上することになります。

B氏　決算の早期化を実現するためには，そもそも経理担当者の会計や税務に関する専門知識の習得が必要ではないでしょうか。

A氏　経理担当者を教育することは当然のことです。『週刊経営財務』，『週刊税務通信』，『旬刊経理情報』等の専門雑誌・書籍を経理部内で回覧するとともに，必要に応じて外部の研修会に参加することにより，最新の会計基準や税制の改正をキャッチアップするようにするといいでしょう。そして，有用な情報を社内の勉強会等を通じて共有することで，経理担当者の経理知識の底上げを図ります。

B氏　最終的には，決算発表を30日以内に行いたいと考えています。

A氏　そのためには，期末日後1週間以内に連結パッケージを回収する必要があります。決算の早期化を実現している会社の特徴は，単体決算が終わった直後から連結決算の業務が行えるということです。その前提として，単体決算が終わるまでに子会社から連結決算に必要なすべての情報を盛り込んだ「連結パッケージ」の入手を完了していなければなりません。その上で，単体，連結，開

示といった3つの決算業務とその監査が途切れることなくスムーズに連携して行われる必要があります。期末日後，第1週目に単体決算，第2周目に連結決算，第3週目に開示決算の各業務が完了し，その翌週には各決算の監査が行われる必要があります。

B氏　ありがとうございます。お聞きしたことを参考に，当グループでも決算の早期化に取り組みたいと思います。

Q7 企業を買収し子会社化した際，気をつけるべき内部統制上のポイントは何でしょうか。

司会　企業を買収し子会社化した際，内部統制報告制度上，どのような扱いとなりますか。また気をつけるべきポイントはありますか。

【 内部統制報告制度上での買収した子会社の扱い 】

A氏　金融商品取引法上の内部統制報告制度（以下，J-SOX）の観点で考えると，買収した子会社がJ-SOXの評価範囲に入ることが考えられます。連結売上高に対して，買収した会社の売上高の占める割合が高い場合は，評価範囲に入ることが考えられます。

　一方，買収した後，十分な期間がなく期末を迎える場合も考えられます。このようなケースを想定し，実施基準上では，下期における買収等やむを得ない事情により内部統制の評価を完了できない場合，評価手続を実施できなかった範囲を除外して内部統制の有効性を評価することができるとされています。

　会計期間の下期中に買収が完了した場合，次年度から評価範囲に含めることで問題ないか，社内および監査法人ともに，早めにコンセンサスを得る必要があります。

B氏　そうですね。さらに「下期」はあくまで例示とされていますね。その理由に合理性がある場合は，「下期」に限られないということも明示されています。業務プロセスの内部統制評価には相当の時間がかかると考えられます。会計期間の上期中に買収が完了した場合も同様に，いつから評価範囲に含めるのかコンセンサスを得る必要があります。また，単に評価時期を一律に後ろに繰り延べるのでなく，社内の負担軽減や業務改善のために，段階的に評価を進めることもお勧めできます。たとえば，買収初年度は全社的な内部統制および決算プロセスについて先行して内部統制の構築・評価・改善を実施し，2年目に販売，購買，在庫といった業務プロセスを評価対象に含めるという方法です。時期を

分けて行うことにより社内負担を減らすことができると同時に，初年度に買収した会社の状況を摑むことができます。全社的な内部統制や決算プロセスの評価を行うことは，PMI（Post-Merger Integration）をスムーズに行う上でも有用と考えられます。

【 買収した子会社における内部統制構築・評価の進め方 】

C氏　買収した子会社の内部統制の質，成熟度によっても効率的な進め方は変わります。

　たとえば上場企業の子会社を買収した場合，それらの企業はすでにJ-SOX対応を経験していることが多く，内部統制が整備され，従業員にも内部統制という概念が浸透しているというケースがあります。このような場合は，まずは子会社で実施していた内部統制およびその評価の状況を把握し，自グループの取り組みと比較分析した上で，必要に応じて改善を加えることにより対応できる可能性があります。

　一方，買収した子会社において，内部統制の質や成熟度が高くなく，従業員および経営幹部による内部統制理解が十分でない場合は，教育，業務改善，内部統制の整備運用に多くの時間を要することが想定されます。

　買収後，早い段階で，買収した子会社の内部統制の質・成熟度を把握し，それを踏まえた内部統制の教育・構築・評価のスケジュールを立てることが望ましいと考えられます。

B氏　可能であれば，買収完了後に限らず，デューデリジェンスの手続において，内部統制の確認を含めることでさらに効果的に進めることができます。

A氏　買収した子会社の内部統制の質・成熟度を把握するために，まず全社的な内部統制および全社的な観点で評価する財務報告プロセスを先行して評価する方法があります。これらは評価にかかる工数が比較的多くなく，また，会社の内部統制の全体像の把握につながりやすいと考えられます。

　この際に，買収した子会社の体制や規程の整備状況についてもあわせて確認するとよいでしょう。体制については，いわゆる3つのディフェンスラインが十分に機能しているかなどが着眼点になると思います。

C氏　そうですね。いきなり業務プロセスの文書化から取り掛かる会社も見られ

ますが，私はそれをあまり推奨していません。内部統制の理解が進まないうちに個別の業務の文書化を進めると，ポイントを外してしまうケースがあります。私は以下のような進め方を推奨しています。

①現状把握および方針決定

まずは，先ほどお話ししましたように，買収した子会社の内部統制の状況を把握します。その際には，全社的な内部統制や全社的な決算財務報告統制を先行して取り組むのが有用です。その中で，経営陣の内部統制に関する考え方を理解できるとより良いでしょう。

続けて，当該会社における内部統制の方針を作成します。方針には，どの業務を評価対象とするか，役割分担，内部統制研修の企画・実施，スケジュールの作成を含みます。

私はこの①のフェーズが非常に重要だと考えています。①をきちんと経営陣を含めて話をしないまま②以降を進めてしまうことにより，内部統制は一部の担当者だけが粛々と実施するものと勘違いされてしまうケースが見られます。

②内部統制の文書化および整備状況評価と不備の改善

①で合意した方針に基づき，内部統制の文書化および整備状況評価を進めていきます。

内部統制の質・成熟度が高い会社においては，既存の文書や取り組みを有効活用することで効率化ができます。内部統制の質・成熟度が高くない会社においては，本社からの手厚いサポートが欠かせません。本社からひな形や文書化評価のための人員を提供することが考えられます。また，このような会社においては多くの不備が検出されます。不備の改善では，どのように業務を改善すべきかの検討や，改善後業務を軌道に乗せるために多くの時間がかかります。検出された不備については一覧化し，その結果を経営陣に報告するとともに，責任を持って改善をしてもらう必要があります。

③運用状況評価と不備の改善

運用状況評価を進めていきます。初めて運用評価を行う会社においては，整備状況評価と同様に不備が多く検出されます。できるだけ早い時期に1回目の運用状況評価を行うことが望ましいでしょう。

B氏　子会社経営陣をきちんと巻き込むこと，親会社が必要なサポートを提供す

ること，役割分担を明確にし，スケジュール管理を行うことは私の経験からも重要だと思います。

　J-SOXの活動を通じて，子会社の決算の正確性・信頼性を上げることが可能です。単に形式的に実施するのではなく，この取り組みを通じて自社の開示の信頼性をより増していくという前向きな取り組みが望まれます。そのためには，経理業務のPMIチームと連携していくなども有効です。

A氏　買収した会社が海外の会社だとさらに大変です。

B氏　米国のようにSOX法の考え方が浸透している国については，まだ比較的進めやすいですが，浸透していない国においては，まず，どんな法律になぜ対応しないといけないのかをしっかり説明する必要があります。この理解がない場合は，親会社に依頼されたフォーマットを埋めただけの非常に形式的な取り組みに終わってしまう恐れがあります。

A氏　私が経験した中でも，現地で規程が作成されていたので，それを活用しようとしたところ，まったく形骸化したものであり，役に立たなかったケースがありました。また，逆にJ-SOXをクリアするために，本社の規程を現地語訳したが，まったく業務に活用されなかったケースもありました。

B氏　海外の場合，特に旧オーナーや旧代表取締役との関係も気をつけなければいけませんね。私の経験でも，買収された後も，従業員が旧オーナーや旧代表取締役の方だけを見ており，日本本社の指示する内部統制に沿って業務を行わないケースも見られました。

C氏　海外の会社を買収した場合は，言語，距離，文化などのバリアがあり，国内会社の買収の際よりもJ-SOXの取り組みは難しくなりがちです。子会社経営陣に取り組みの意義を説明し協力を取りつけた上で，定期的な電話会議，現地駐在員の活用などを通じて厚めのコミュニケーションを継続的にとることが望ましいと考えられます。

A氏　継続的なコミュニケーションに加え，教育，モニタリングも重要になると思います。J-SOXの評価時に内部統制に関する研修を従業員に実施する，E-learningを受講させるなどの取り組みも考えられます。また，J-SOX評価も現地任せにするだけでなく，本社メンバーが定期的に関与することによって本社からモニタリングを効かせることも重要です。

第 3 編

中小上場会社における業務プロセスにかかる内部統制の課題と工夫

本章のPOINT

▷ 中小上場会社について，金融庁の2011年公表の事例集では，「評価対象業務プロセスの削減」や「規模の差異を考慮した直接的なモニタリングの実施」など，業務プロセスにかかる「簡素化」「効率化」に取り組むヒントが多く示されており，参考となる。

▷ 中小上場会社の現状の課題として，①リソース不足（人材・モノ・金・情報），②リスクの識別・評価が不十分，③マンネリ化・やらされ感・形骸化，④経営者の理解・協力体制が不十分，⑤内部統制報告制度を企業経営に活かせていないという5つの点が挙げられる。

▷ 中小上場会社の検討すべき創意工夫として，①統制範囲やキーコントロールを絞り込む，②サンプリング範囲を縮小する，③前年度の評価結果の継続利用を促進する，④監査人との協働を促進する，⑤内部監査業務の効率化を図る，⑥人材の育成を促進・強化する，⑦IT統制の活用を検討するの7つの点が挙げられる。

▷ 日本公認会計士協会の研究報告では，内部統制の不備を東証一部上場企業と東証一部以外の上場企業とに区分して分析しているが，業務プロセスにかかる内部統制を起因とする開示すべき重要な不備は，不正事例および誤謬事例のいずれも，東証一部上場かどうかを問わず，その件数が少ないという特徴があり，興味深い。

第**6**章

1 中小上場会社が参考とすべき事例

　金融庁が公表した「内部統制報告制度に関する事例集—中堅・中小上場企業等における効率的な内部統制報告実務に向けて—」（2011 年 3 月）（以下，「事例集」とする）においては，業務処理プロセスにかかる内部統制に関して 11 の事例が記載されている。全部で 21 例が示されている中，過半数が業務処理統制に関するものであることは，内部統制報告制度に対応する企業にとって，とりわけ業務プロセスにかかる内部統制に関する業務が多くを占めており，より効率化が求められているものと推察できる。

　これらの事例には中小上場会社にとって，「簡素化」「効率化」に取り組むヒントが多く示されているため，まずは業務プロセスに関する各事例についてまとめることとする。

事例 3-1　評価対象業務プロセスの削減

　重要な事業拠点における事業目的に大きく関わる勘定科目に至る業務プロセスのうち，評価対象となるプロセス数を，以下の方法で削減。

(1) 新たな業務取引：取引開始時に既存の業務フローの利用を検討
(2) 既存の取引：複数の業務プロセスをあわせて一つの業務プロセスとすることを検討

　評価対象とすべき業務プロセスの範囲や僅少な業務プロセスの範囲についての考え方が明確にされている。

　業務プロセスの範囲については，原則的な考え方に変更はないが，業務プロセスの識別に関し基本的な方針として次の 3 点が挙げられている。

　①証憑および IT システムの可能なかぎりの共通化

　②各業務プロセスの簡素化

　③プロセス・オーナー（各業務プロセスの責任者）の指名

業務が共通になるわけではないものの，証憑等を共通化することにより，統制ポイントの均質化を図ることが可能になる。財務報告にかかる内部統制として必要な要点が共通化されることで，業務プロセスが異なったとしても評価すべき内部統制を共通化する余地が生まれる。さらに業務プロセスを簡素化することで評価を効率化することが可能になり，また各業務プロセスの責任者を指名することによって責任の所在が明確になることが期待される。

事例 3-2　リスクの分析と評価

　リスクの分析と評価を行う際には，特に重要なリスク（高リスク）の特定に重点を置き，メリハリの利いた評価を実施。

　重要性があるリスクに対してのみ慎重に対応策を講じればよく，その他のリスクについては効率性を重視してメリハリをつけて評価することが明示されている。

　重要性があるかないかについては，リスクの「金額的重要性」「質的重要性」「発生可能性」を分析して行う必要がある。重要なリスク（高リスク）の定義は以下のように示されている。

①質的重要性

　会社の属する業種や置かれている状況を考慮し業務プロセスをサブ・プロセスごとに，不確実性が高い取引，見積りや予測の要素，非定型・不規則な取引などが存在する場合には，関連するリスクは発生可能性が高いと見なし，重要なリスク（高リスク）と判断する。

②過去の指摘事項等

　過去の虚偽記載および監査人や内部監査人の直近の指摘事項等は，質的または金額的重要性が高く，かつ発生可能性も高いと見なし，特に重要なリスク（高リスク）と判断する。

事例 3-3　統制上の要点の選定

　統制上の要点の選定過程を記録・保存することにより，翌年度におけ
る統制上の要点の見直しに影響を与える事象を効果的かつ効率的に把
握。

　業務プロセスにかかる内部統制の評価について，統制上の要点の選定過程
を記録・保存しておくことが求められている。

　選定過程の記録は，翌年度における統制上の要点の見直しの際，前年度の
選定過程で検討した事項（業務プロセスの特徴，リスクの評価，個々の内部
統制における相互連携等）について変更はないか，または企業グループの内
外で新たに考慮すべき事項は発生していないかを効果的かつ効率的に把握す
ることに資するとされているが，見方を変えれば，毎期統制上の要点を見直
すことによって，効率化を図るべきとも考えられる。

事例 3-4　僅少な業務プロセスの評価範囲

　コアとなる事業のほかに少量多数の事業を営んでいるため，個々の事
業には重要性の低い業務プロセスが多数存在する。このため，重要性に
応じた効果的・効率的評価を実施。

　業務プロセスにかかる内部統制については，重要性に応じて評価対象とな
る業務プロセスを決定することになるが，評価対象とする業務プロセスのう
ち，重要な業務プロセスとそれ以外の業務プロセスに分けて，それぞれで運
用評価の実施をローテーションする方法が例示されている。

　ここで重要な業務プロセスの主要な事業拠点の連結売上高に占める割合は
8割程度とされていることから，実施基準における評価範囲の考え方に従っ
て検討されており，勘定科目に与える重要性を考慮した上で，運用評価のレ
ベル感を調整しているものと考えられる。

　なお，複数会計期間に1度の頻度でローテーションする方法は，全社的な

内部統制および IT 全般統制とは異なり，業務プロセスにおいては，運用状況のみならず整備状況の評価についても簡素化が容認されている。

事例 3-5　業務プロセスに係る内部統制の整備状況の評価

　監査人と協議のうえ，監査人が経営者の評価結果を利用しない業務プロセスに係る内部統制の整備状況の評価としてプロセス・オーナー（業務プロセスの責任者）への質問のみを実施。

　監査人が経営者の評価結果を利用しない業務プロセスにかかる内部統制で，過年度の整備・運用状況の評価結果が有効な業務プロセスについては，整備状況に重要な変更がないこと（たとえば，取引の流れ，内部統制，IT，担当者の状況など）をプロセス・オーナーへの質問により確認することで整備状況の評価とすることができることを明確にした。

　業務プロセスごとに，代表的な取引を1つあるいは複数選んで，取引の開始から取引記録が財務諸表に計上されるまでに流れを追跡する手続（ウォークスルー手続）は，経営者が必ず実施しなければならない手続とはされていない。

事例 3-6　業務プロセスにおけるサンプリングの範囲

　全社的な内部統制の評価結果が有効であることを確認したうえ，サンプリングの範囲を縮小。

　サンプリングの範囲については，たとえば多店舗展開しているような場合のサンプリングの範囲に関する事例が紹介されている。

　全社的な内部統制が有効であり，店舗間の内部統制のデザインが異ならず，かつ，店舗における内部統制の整備状況が有効であるという前提では，運用評価については3年間で全店舗を網羅するようにサンプル対象とする店舗を決定し，また選定された店舗であっても1つの評価項目に対して画一的

に25件のサンプルを抽出するのではなく，拠点の規模や，重要な担当者の交代の有無により差を設けることが示されている。

事例3-7　業務プロセスにおけるサンプリング方法

　経営者は重要性が高い項目をサンプル抽出し，業務プロセスに係る内部統制の運用状況の評価を実施した。サンプル数は，1プロセスにつき，○件ずつ（監査人は25件）とした。

サンプリングの方法についても，重要性の判断に応じて無作為抽出による方法を採らず，金額が多額の取引から抽出する事例が示されている。しかしながら監査人は一定のルールに従ったサンプリングが必要であるため，あらかじめ経営者のサンプルを監査人が利用しないことが前提となると考えられる。

　なお，監査人が経営者のサンプルを用いる場合には，あらかじめ監査人と合意する必要があることは従前と変わらない。

事例3-8　統制の組み合わせによる内部統制の実施

　リスクに対して，1つの統制のみで対応するのではなく，財務報告上の重要な虚偽記載を低減する可能性の高い統制であるかどうかを考慮した上で，複数の統制を組み合わせることにより統制上の要点の絞り込みを適切に実施するとともに，適切にリスクに対処。

経営者は，取引の開始，承認，記録，処理，報告に関する内部統制を対象に，実在性，網羅性，権利と義務の帰属，評価の妥当性，期間配分の適切性，表示の妥当性といった適切な財務情報を作成するための要件を確保するため，虚偽記載が発生するリスクを低減するための内部統制を識別しなくてはならない。この際，複数の統制を組み合わせることで，効果的な内部統制を実現するとともに，統制上の要点の絞り込みを適切に実施して，内部統制

の評価作業を軽減できる。

　なお，統制の組み合わせにあたっては，下記の点に留意する。

①リスクを低減する効果の高い統制を組み合わせる。

②重要性が低く，発生可能性が低いリスクについては，運用テストをしない。

事例 3-9　運用状況の評価の実施時期

　不備の発生状況等により，業務プロセスを分類し，効果的かつ効率的な業務プロセスに係る内部統制の運用状況の評価の実施時期を決定。

　内部統制の有効性については期末時点で判断することが求められるが，期中における内部統制の運用状況の評価結果が有効であった業務プロセスについては，担当者への質問等（評価対象とした業務プロセスにかかる内部統制に重要な変更がないことを確認）により足りるとされている。

　一方で，期中における内部統制の運用状況の評価の結果，不備が発見された業務プロセスについては期末に近い時点でのサンプル検証が示されている。期末日を超えてロールフォワード手続を実施することが必ずしも求められていないことが明確化されたものと考えられる。

事例 3-10　規模の差異を考慮した直接的なモニタリングの実施

　経営者が直接的なモニタリングを実施することにより，評価手続を効率化。

　経営者の誠実性および倫理的価値観の保持，監査役会等による監視活動，内部通報の仕組みといった全社的な内部統制が有効な場合，経営者が直接行った日常的モニタリングの結果や監査役が直接行った内部統制の検証結果（たとえば棚卸しの立会いなどの往査の結果に関する報告書等）を内部統制の評価手続の中心とすることができるとしている。

　さらに，監査人は経営者による直接的なモニタリング結果を，内部統制監査において利用可能であることが明確化されている。

事例6-2　業務プロセスに係る内部統制の記録

　業務の流れ図の更新業務について，以下の方法で効率化。

(1) 業務の流れ図を機能ごとに細分化して作成

(2) 異なる業務プロセス間で部分的に同じ業務処理が行われる場合は同一の資料を活用

　業務の流れ図（フローチャート）に更新が発生した場合，異なる業務プロセスであっても同一の業務の流れ図を使用することにより，変更箇所は1箇所で済み，業務の流れ図の更新時間の削減ができる。また，業務の流れ図の更新漏れを防止することにもつながる。

　事業規模が小規模で，比較的簡素な構造を有している組織等においては，定型的な書式を持った書類のみならず，後任者への伝達文書や受注の際の作成文書など，さまざまな記録の形式・方法を取り得るものとし，監査人もそれらの社内作成文書を利用できるとしている。

　「事例集」に記載されている上記の事例は，従来の基準や実施基準，Q&Aなどで示されていることが多く，すでに対応を進めている中小上場会社も多いのではないかと思われるが，今一度自社の状況と比較することで，一層の効率化を進める上で重要な検討資料となるであろう。また，「簡素化」「効率化」に向けて，監査人と協議する際にも有効なツールになるものである。

2 中小上場会社における現状の課題と創意工夫

1. 中小上場会社における現状の課題

中小上場会社に限らず，内部統制報告制度の導入時には，いわゆる3点セット（業務記述書，フローチャート，リスクコントロールマトリクス（RCM））の整備に膨大な労力を要した企業が数多く見られたことはまだ記憶に新しい。2008年4月の導入後，約12年が経過し，特に中小上場会社においては，現在は運用評価を中心としながら，新規事業等への内部統制対応，簡素化・効率化への取り組み，情報システム入替時の対応などが内部統制に関わる部署・担当者の中心的業務となっていると思われる。そうした中で，現在どのような課題が内在しているのかについて考察する。

（1）リソースの不足

中小上場会社における最大の課題は「リソースの不足」といっても過言ではないだろう。リソース（人・モノ・金・情報）の不足により，効果的・効率的な内部統制の整備や運用評価が行えていないケースも散見される。

①人材の不足

本研究テーマで取り上げている中小上場会社を「内部監査の人員が2名以下の企業」と定義しているが，企業の規模に比して内部監査の人員が不足している感が否めない企業も多く見られる。また，人員数の問題とは別に，内部監査担当者の知識・スキルが不足しているケースも散見される。特に課題として挙げられるのは後任者への引継ぎの問題である。内部監査部門の専任者が1名だけの場合には，定年や退職によりナレッジが引き継がれなくなる恐れがある。また，後任となるスタッフの育成に取り組んでいても配置換えや退職でイチからやり直しになったという事例も見られた。

②モノの不足

　ここでのモノとは一般的に使われる「製品や設備」ではなく「内部統制
ツール」や「監査ツール」と捉える。中小上場会社においては，主としてエ
クセルを用いてフローチャートやRCM，監査調書を作成しているケースが
多く見られる。このため，業務プロセスの変更時やキーコントロールの見直
しを行った際に更新漏れが発生する，手間がかかる，各書類間での整合性が
担保されないなどの問題が発生しやすいといえる。

③金の不足

　内部監査に対する金銭的な制約を指す。内部監査を行うに際しては，諸々
の経費がかかるが，予算制約により，たとえば，在外子会社への往査に行く
頻度を減らさざるを得ない，複数人で行く予算がなくナレッジの共有が困難
となる，といった課題が見られることがある。また，内部監査スタッフの人
員増や高スキル保有者の雇用にストップがかけられるケースも考えられよう。

④情報の不足

　内部統制の整備評価やリスク評価の実施，内部監査計画の策定などさまざ
まなフェーズで「情報」が重要であることに疑問はない。しかしながら，内
部監査部門への情報共有が遅延したり疎かにされたりすることも少なくない
ようである。必要な情報がタイムリーに内部統制の評価部門に伝達されなけ
れば，適切な計画の策定や監査手続の選定，内部統制の不備評価ができない
恐れがある。特に業務プロセスにかかる内部統制の運用評価時において，作
成された資料（業務記述書など）と実際の業務の流れが異なってしまってお
り，整備評価からやり直さなくてはならなくなった，といった事態にもなり
かねないのである。

　また，内部通報制度を導入している企業は多く見られるが，従業員への周
知徹底が不十分であまり活用されていないことも，課題として挙げられる。

（2）リスクの識別・評価が不十分

効果的かつ効率的な内部統制の構築や内部監査の実施にあたっては，自社の置かれている状況を適切に分析し，網羅的にリスクを識別し評価することが重要である。また，監査にはリスクアプローチの視点が欠かせない。しかしながら，知識やスキル，あるいは経験不足等を原因として適切なリスク評価が行えていない企業や，本来内部監査計画の策定にあたって毎期行うべきリスク評価を行っていないケースが見受けられる。

また，リスク評価を実施した際には，「事例集」の事例3-3を準用し，その評価過程を適切に記録・保存することが，内部統制の整備や内部監査の実効性の確保・向上につながると考えるが，記録や保存が不十分で翌年度以降の内部監査計画のブラッシュアップにつながっていないケースも考えられる。

（3）マンネリ化・やらされ感・形骸化

制度の導入から約12年が経過し，マンネリ化に陥っている企業も見受けられる。たとえば，内部監査計画の見直しが行われず，毎期同じ監査項目で済ませている，監査法人にいわれたことだけしかやらない，監査における指摘事項が毎期同じような内容で改善に至らない（フィードバックが不十分）という課題が考えられる。

また，特に制度導入時に外部の専門家に任せっきりにした企業では，内部統制報告制度への理解が社内で浸透せず，業務の執行部門や担当者がやらされ感や疲弊感を感じている，仕方がなくやっている，といった消極的な対応に終始しているケースが多いように思う。監査人による内部統制監査のサンプリングや監査結果をそのまま自社の監査調書に利用している企業もあった。

極端な事例では，内部監査部門の専任者がいなくなり，監査の実効性に疑問のある企業や，内部統制報告制度そのものが社内で形骸化してしまっている企業がないとはいえないのが実情である。

いずれのケースも，内部統制に対して主体性が低下している状態といえるが，そもそも内部統制とは企業が自らのニーズと責任において自主的に整

備・運用・評価すべきものである，という当事者意識が薄れていることの証
左であろう。

（4）経営者の理解・協力体制が不十分

　業務プロセスにかかる内部統制の執行部門や担当者，内部監査部門の担当
者のマンネリ化ややらされ感を指摘したが，そのような空気が醸成される要
因の1つとして，経営者が内部統制報告制度に関して，無関心，理解が不十
分，非協力的である点を指摘したい。内部統制はいうまでもなく，経営者自
らが主体的に参画して作り上げるべきものであり，本来無関心や非協力的で
あってよいはずはない。日常的な業務が滞りなく遂行されていることと，内
部統制が十分に整備・運用されていることはイコールではないのであるか
ら，経営者は適切な懐疑心を持って自社の内部統制の向上に率先して取り組
んでいかなければならない。

　さらに，中小上場会社においては，一般的に経営者の影響力が大きいと考
えられるため，従業員に内部統制を浸透させる，意識を向上させることがで
きるかどうかは経営者次第といえよう。内部統制に対する意識が低い経営者
は，ガバナンスの強化やコンプライアンスの意識が相対的に低いと思われて
も仕方ないと考えるべきである。

（5）内部統制報告制度を企業経営に活かせていない

　経営者の無関心や非協力的な態度を生み出す背景として，内部監査におい
て発見・指摘された事項や改善のための提言が，業務の改善や組織力の強化
につながらない内容であるケースも考えられる。

　経営者の最大の関心事は，企業価値の増大にあるといって差し支えないで
あろう。制度として必要であるから内部監査部門を設けているが，瑣末なも
のや，重箱の隅をつついているような内容ばかりが報告される，と嘆く経営
者もいる。特に，業務プロセスにかかる内部統制に関する指摘事項は，「必
要な証憑が整備されていなかった」「承認印が漏れていた」「記載されていた

日付が適切でない」といった細かい指摘になることも多く，経営者にとってはあまり関心を持てない事項なのかもしれない。しかしながら，自社で必要な統制行為として整備されたルールを守れないという，その根本原因を改善していくことこそが内部統制をより有効ならしめる近道と考える。また，不正事例を考察すると，不正を働いた者には社内ルールを蔑ろにする傾向があるとともに，それを咎められないという不正の機会が与えられているように思われる。有効な内部統制が機能していれば防げる不正も多く，小さな指摘事項と思われたことも不正のタネを取り除くきっかけになりうる。

　経営者は内部監査責任者と緊密にコミュニケーションを取り，自らのニーズを伝え，報告事項に耳を傾ける姿勢が求められているし，内部監査責任者は経営者のニーズに応え，企業経営に資する情報の提供を意識し実践することが必要である。

2. 中小上場会社で検討すべき創意工夫

　前項に挙げた課題を克服するため，かつ，より効率的に内部統制の整備・運用評価を実施するための業務プロセスにかかる内部統制のポイントとして，以下の事項が考えられよう。また，これらの項目は，より効果的な内部統制の整備や内部監査の実効性の確保にも資することと思料する。

（1）統制範囲やキーコントロールを絞り込む

　統制上の要点を明確にして，要点に合致した強力な統制行為を整備することで統制範囲を絞り込めれば効率化につながるであろう。また，評価範囲については，外部監査人や監査役等と方針を共用することで，統一感のある評価を実施し，内部監査人と互いに補い合うことが可能となる。

　さらに，サンプリング対象となるキーコントロールをあらかじめ絞り込むことで，監査対象部門の管理負荷や，評価負荷の軽減が可能となる。

（2）サンプリング範囲を縮小する

拠点ごと，業務プロセスごとの評価を実施し，重点評価箇所をローテーションすることで，効率化だけではなく評価の深掘りを行うことも可能となる。また，適切にリスク評価を実施し，一律のサンプル件数ではなくリスクに応じたサンプル件数とすることで，負担軽減を図りつつメリハリの利いた内部統制評価を行うことができるようになる。

（3）前年度の評価結果の継続利用を促進する

前年度運用評価の継続利用を行うことで，一部運用評価の負荷を下げることができる。ただし，全項目について継続運用は行わず，一部項目に絞るなどの対応が現実的である。一方，現場への周知のため，あえて前年度の評価結果の継続利用を行わずに毎年実施することで，執行部門の意識の低下を防ぎ準備作業の効率化を進める事例もある。

（4）監査人との協働を促進する

外部監査人による経営者評価情報への依拠拡大を図ることで，内部統制監査対応の負荷軽減を図る（監査対象部門の負荷が軽減される）。外部監査人と協働して内部統制評価を実施することを検討する。しかしながら，実施する内容については監査内容に制限が加わる可能性があり，実施時に割り切りが必要となる。

（5）内部監査業務の効率化を図る

内部統制監査で個別にヒアリングを実施せず，業務監査と共同で実施することで，担当者の負荷と監査対象部門の負荷を共に下げることができる。あるいは，内部統制の独立的評価を業務監査の一部として代替することで，監査部門・監査対象部門ともに負荷を下げることが可能となる。

執行部門による自己評価については効率化（省略）できる可能性はあるが，執行部門の当事者意識が薄れる可能性があるため，これは企業内の内部

統制への理解の浸透状況によるであろう。ただし，サンプリング評価は，執行部門・内部監査・外部監査人の3段階それぞれで実施される可能性があるが，最低限必要なのは経営者評価（内部監査）と外部監査人評価であるため，執行部門によるサンプル評価は不要とすることにより効率化が可能となる。

　また，今後はAIを活用した汎用型監査ツールが安価で利用できるようになることも十分考えられるため，内部監査における積極的な活用により効率化だけでなく，監査の精緻化にもつながることが期待されるであろう。

（6）人材の育成を促進・強化する

　文書化の実施，OJTの実施，資格取得の奨励，自己啓発の奨励を行うことで，人材の育成を行い，担当可能な人員増と，監査知識を保有する人材を社内に広めることで，将来的に効率的かつ効果的な監査実施を可能とする。IT統制は専門的な知識が要求されることが多く，人材育成や確保に苦慮する事例が見受けられることから，アウトソーシングの積極利用を図ることで負荷を軽減することも考えられる。

（7）IT統制の活用を検討する

　IT統制で毎年チェック対象となっているシステムについては，十分に整備状況・運用状況の確認が取れているという前提から，個別システム監査の確認ローテーションの対象外とすることも考えられる。

3　不正事例・不備事例に見る業務プロセスにかかる内部統制の課題

　日本公認会計士協会の監査・保証実務委員会研究報告第32号「内部統制報告制度の運用の実効性の確保について」（以下，「研究報告第32号」という）は，中小上場会社にとってより有効かつ効率的な内部統制構築の参考になるべき示唆が多く含まれていると思われるため，経営研究調査会研究資料

第5号「上場会社等における会計不正の動向」（以下，「研究資料第5号」という）と合わせて検討する。

1. 業務プロセスにかかる内部統制の不備の特徴

　「研究報告第32号」では，東証一部上場企業と東証一部以外の上場企業とに区分して分析しているが，興味深いのは業務プロセスにかかる内部統制を起因とする開示すべき重要な不備は，不正事例および誤謬事例のいずれも，東証一部上場かどうかを問わず，その件数が少ないことである。

　「研究報告第32号」によると，東証一部上場企業では，「不正事例に関しては，大規模企業であっても，子会社で発生した不正が，開示すべき重要な不備と評価されるほど財務報告に重要な影響を及ぼしていることに留意が必要である。また，不正事例では，決算・財務報告プロセスや業務プロセスの不備も識別されているが，取締役会の機能，コンプライアンス意識，内部通報制度，内部監査部門などといった全社的な内部統制の課題となるものが多い。一方，誤謬事例に関しては，日常の業務プロセスについては相応の内部統制が充実していると思われるので，業務プロセスにおける開示すべき重要な不備は少なく，大半は決算・財務報告プロセスに関するもの（例えば，非定型的な取引，新規の取引，会計上の見積り）である。」と説明している。

　また，東証一部以外の上場企業については，「不正な財務報告に関する不正の手口は，架空売上，架空仕入，架空売上と架空仕入の組合せ，原価付替え，循環取引，在庫操作といった典型的な手口が多く，その動機は親会社等からのプレッシャーによるものだけではなく，架空仕入などは従業員による私的横領である。不備の原因は人材不足に起因するものが多く，職務分掌が徹底していない事例や長期間にわたってローテーションが実施されていなかった事例がある。」とし，誤謬事例としては，「業務プロセスにおける開示すべき重要な不備の事例は少ないものの，新規ビジネスや新規取引における規程やルールを整備していなかった企業や，適切な会議体（取締役会を含

む。）による事前承認を行っていなかった企業が見受けられた。」と分析している。

　双方ともに業務プロセスにかかる内部統制を起因とする「開示すべき重要な不備」の報告が少ない理由としては，以下のことが考えられる。

①日常の業務プロセスについては，内部統制が整備され，かつ社内に浸透しているため不備が出にくいため

②業務プロセスの運用評価においては，サンプルチェックでエラーが発生した場合に備えて，早めに運用評価を実施し，仮に不備が発見されても期末までに改善して，不備にならないようにしているため

③キーコントロールとしている統制行為について，毎期表面的なチェック（承認の有無・証憑の有無・日付の整合性など）に留まっており，潜在している不備を発見できていないため

　①については，内部統制報告制度が意図した趣旨どおりの効果によるものといえ，多くの企業でその効果を実感しているものと思われる。②についても実例は多いであろう。主要3勘定に関連する不備は，その集計方法にもよるが，金額的に「開示すべき重要な不備」となる可能性が高いため，内部監査計画の策定時において改善期間も含めた計画を立てることが多い。期末までに改善指示を出し，改善状況のフォローアップをすることで不備を回避できていると思われる。③については，制度の形骸化が疑われよう。③の理由によることがないことを切に願うものである。

2. 業務プロセスにかかる内部統制の不備事例

　「研究報告第32号」では，業務プロセスにかかる内部統制の不備事例を，売上・売掛金・棚卸資産の主要3勘定に関連する事例と主要3勘定以外の事例とに分類して，**図表6-1**のように分類および分析を行っている。

図表6-1　業務プロセスにかかる内部統制の不正・誤謬事例

区分		摘要	社数	備考
不正事例	A　売上・売掛金・棚卸資産の主要3勘定に関連する事例	A-1 売上・売掛金に関連する不正	13社	日常の業務プロセスには関連の薄い経営者による内部統制の無効化の事例が多い
		A-2 循環取引	6社	不正事例として繰り返し発生している
		A-3 棚卸資産・原価に関連する不正	21社	企業内部での決算操作だけで実行しやすく, 売上高よりも不正が多い
		計	40社	
	B　主要3勘定以外の事例	B-1 経営者不正	19社	親会社・子会社(海外含む)の経営者による内部統制の無効化の事例が多い
		B-2 資金の私的流用	4社	
		B-3 その他	1社	
		計	24社	業務プロセスに関する内部統制の不備の事例は見受けられなかった
	不正による開示すべき重要な不備を開示した会社の合計		60社	
誤謬事例	A　売上・売掛金・棚卸資産の主要3勘定に関連する事例		8社	
	B　主要3勘定以外の事例(決算・財務報告プロセスで発生)		59社	
	誤謬による開示すべき重要な不備を開示した会社の合計		67社	

出所:「研究報告第32号」pp.42-43を基に筆者作成。

　また,「研究資料第5号」では, 粉飾決算の手口別の推移を報告しており, **図表6-2** のような結果となっている。

　経営者および監査人は, 表面的に承認の有無だけの確認に終始することなく, 経営者評価や内部統制監査を実施する必要があり,「研究報告第32号」では以下の点に留意する必要があると提言している。

図表6-2　粉飾決算の手口別の推移

(単位：件数)

粉飾決算の手口	2014/3期	2015/3期	2016/3期	2017/3期	2018/3期
架空仕入・原価操作	3	7	8	4	8
売上の過大計上	12	10	8	12	7
在庫の過大計上	2	2	6	1	5
工事進行基準	3	—	1	3	4
その他の資産	4	5	2	2	3
経費の繰延べ	3	—	2	3	1
循環取引	3	—	2	2	1
その他	1	2	2	—	1
粉飾決算件数計	31	26	31	27	30
資産の流用の件数	13	7	14	3	7
会計不正の合計	44	33	45	30	37

出所：「研究資料第5号」p.5の図表Ⅱ-2-2を基に筆者作成。

- 経営者が評価対象とした業務プロセスの選定や経営者による評価手続が，前期を踏襲しているだけになっていないかに留意する。
- 前期を踏襲した経営者評価に影響を受けて，監査人も前期を踏襲しているだけになっていないかに留意する。
- 棚卸資産に至る業務プロセス，特に原価計算プロセスについて，不正事例を考慮して，適切に評価対象が決定されているかに留意する。
- 内部統制の運用状況の評価の検討を行うことになっていることがかえって，内部統制が有効に整備されているかどうかの検討に十分な時間をかけず，内部統制の整備状況の評価を軽視することになっていないかに留意する。
- 内部統制の運用状況の評価において，経営者も監査人も内部統制実施者の承認の有無の確認に終始していないかに留意する。

3. 株式新規公開直後の新興企業における不備事例

　「研究報告第32号」では，株式新規公開直後（1年以内）に開示すべき重要な不備があると評価した内部統制報告書ないし訂正内部統制報告書を提出した企業6社について，上場審査において，企業のコーポレート・ガバナンスや内部管理体制の有効性の審査を経た直後に開示すべき重要な不備に起因して不適正なディスクロージャーが行われたものであることの重要性に鑑み，看過できない事例として紹介している。そのうち業務プロセスに関する不備事例とその是正事例は，自社の内部統制の見直しや監査計画の作成に参考になるものと考える。

（1）業務プロセスおよび決算・財務報告プロセスの不備事例
①業務プロセス
- 注文書・契約書・受領書等の作成方法・作成時期について，社内規程が整備されていない事例，または当該規程が役員および従業員に周知されていない事例
- 与信管理の運用が徹底しておらず，牽制機能が十分に働いていない事例
- 売上計上に必要な証憑の入手について，社内規程で定めていない，または徹底されていない事例
- 新規事業・ノンコア事業について，損益管理（実態利益率の把握）や債権管理が確立していない事例（不正発覚の長期化を招いた原因）

②管理部門における業務体制の不十分さ
- 管理部門に経験・知識・能力のある人員が配備されていない事例
- 会計処理に必要な証憑を経理規程等で規定していない事例
- 会計処理に必要な証憑について役員および従業員に周知徹底していない事例
- 会計伝票・経費支払にかかる起票・承認の職務分掌が不十分な事例

③ IT システムにかかるリスク認識の欠如

- 仕訳データを上書きして修正できること（不正の機会）を認識していなかった事例
- 基幹システムからファームバンキングへのデータ投入について，システム間での直接データ転送と誤解し，実際には基幹システムからダウンロードしたエクセルファイルを投入していること（不正の機会）を認識していなかった事例

（2）業務プロセスおよび決算・財務報告プロセスの是正事例

① 業務プロセス

- 営業部門において入手・作成すべき証憑の明確化
- 売上計上に際して根拠となる証憑の明確化
- 業務プロセスにかかる一連の手続を社内規程により明確化（役員および従業員への周知徹底を含む。）
- 新規事業・ノンコア事業について，ビジネスリスクに応じた業務プロセスの見直し

② 管理部門の強化

- 管理部門の人員増員
- 管理部門内における二重チェック体制の構築

③ IT システムにかかる管理強化

- 会計システムにおける承認権者を経理部門の上席者に限定（アクセス権の管理を含む。）
- パスワードの設定・管理はユーザ本人に限定（なりすまし行為の防止）
- IT 統制にかかる一連の手続を社内規程により明確化（役員および従業員への周知徹底を含む。）

4 ヒアリング結果についての考察

　今回の研究テーマを進める上で，われわれは中小上場会社8社の協力を得て，ヒアリングを行い，さまざまな職位・職責の方々から貴重なお話を伺うことができた。ここで，ヒアリングで感じた現状の課題と実際に行われている創意工夫についてまとめたい。ヒアリングした企業は企業規模も業種もさまざまであり，中には開示すべき重要な不備を報告した企業もあったが，中小上場会社における課題と創意工夫を考察する一助になると考える。なお，ヒアリングの結果の詳細については付録のヒアリング結果を参照されたい。

1. 評価対象とした業務プロセス

　8社中7社は，評価対象としている業務プロセスは，内部統制実施基準に列挙されている「売上」「売掛金」「棚卸資産」にかかる業務プロセス（販売プロセスと在庫管理プロセス）であった。1社は多店舗展開をしている企業であり，現金商売が基本のため「売掛金」にかかる業務プロセスは重要性の観点から選定せず，その代わり「仕入」にかかる業務プロセス（購買プロセス）を対象としている。

　中小上場会社ということもあり，評価対象範囲を広げず，通常対象とすべき業務プロセスに特化して整備・運用評価を行っているようである。ただし，販売プロセスでも対象製品やサービスにより細分化された業務プロセスのうち，いずれを評価対象とするかを毎年見直している企業もあるし，ほぼ同一のプロセスであることから売上高が僅少なサービス以外はすべてカバーしている企業もある。また，「事例集」の事例3-1に示されているような業務プロセスを均一化することで，効率化を実現している企業も見られた。

2. 定期的な見直しの実施

　8社中7社は，毎期規程やいわゆる3点セットの見直しと変更を検討していた。ただし，組織変更による部門名称の変更や担当部署の変更への対応程度という企業から，リスクや評価手続，キーコントロールの変更も含めた見直しをルーティン化して実施している企業まで，見直しの内容のレベルは異なっている。

　一方，1社は，外部のコンサルタントが導入時に作成したフォーマットのままで内容の見直しが行われていなかった。そのため監査法人からもわかりにくいとの指摘を受けており，今後外部専門家を活用して見直す予定とのことである。

　業務プロセスにかかる内部統制の整備・運用状況を評価するためには，規程やマニュアル類，業務記述書やフローチャート，RCM が基本となる。必ず毎期業務等に変更はないか，現状のコントロールで十分か，低減できていないリスクはないか，統制の組み合わせによるリスクコントロールはできないか，といった視点から見直すことが必要である。なお，見直しの際には，「事例集」の事例3-1，3-8，6-2 に考慮して行うことが有用であろう。

3. 少人数で内部監査を実施するための工夫

　外部の専門家を活用したり，独立の内部監査部門を設けずに兼務・分業で内部監査を実施したりすることで少人数でも実効性のある運用評価を行っている企業が予想より多かった。また，有効な内部統制にとって重要であるコミュニケーションを重視している企業がほとんどであった。その点少人数であるがゆえに，関係部署・担当者とのコミュニケーションが取りやすいという利点が感じられた。監査役や監査等委員と連携して監査を実施している企業も多かった。一方で，社長直轄の内部監査部門に取締役会での関連情報がタイムリーに伝えられず，リスク評価に活かしづらいと感じている企業もあった。

さらに，多くの企業で，監査フォーマットの工夫や情報システムツール・コミュニケーションツールの利用など，ITを利用して効率化や実効性の確保を図っている。より進んだ例としては，IT全般統制およびIT業務処理統制を強化することで，IT統制への依拠戦略を採用し，キーコントロール数やサンプル数の削減を実現している企業もあった。

会社規模の小さい企業では，全社員に内部統制への意識を高めさせるための取り組みをしており，日常的に全社員が内部統制を意識して行動しているという好例もある。子会社への無記名方式のアンケートにより内部統制への意識の向上・課題抽出による業務改善への活用を行うことも参考になろう。

4. 監査法人との関係

概ね良好であるとの印象を受けた。残高監査や内部統制監査のタイミング以外にも経理処理や経理体制・決算体制，内部統制に関する指導やアドバイスを受けられているようである。一方，開示すべき重要な不備を報告した企業では，その後監査法人が交代したところもあった。大手監査法人から準大手の監査法人に交代したことにより，きめ細かな指導やコミュニケーションが取れるようになり，かえってよかったとの意見も聞かれた。

5. 今後の内部統制報告制度への意見

多くの企業で内部統制報告制度が導入されたことにより，社内の内部統制への意識の高まりや浸透，業務の改善や牽制力の強化，他部署の業務内容の理解の促進など，プラスの効果を実感しているようである。

一方で，毎年同じことだけをしていて大丈夫なのか，新たな指摘事項が出てきづらいなどのマンネリ化に近い疑問も呈されている。また，費用対効果が見合わない，日本の風土に合わない制度に感じるといった負の意見も少数ながらあった。

　リスク評価の重要性やリスクアプローチの強化への取り組みを話す企業や，財務報告以外の内部統制の重要性の高まりについて話す企業があり，制度導入から一定期間が経過し，企業のリスク・マネジメントへのシフトが進んでいるように感じた。これは，内部統制報告制度の当初の導入趣旨に鑑みて望ましい進化といえる。

　変わった意見としては，内部統制の有効性評価において，監査法人によるダイレクト・レポーティングの容認を希望する声も聞かれた（この意見を話された企業では，監査法人との協働が進んでおり，実質的にダイレクト・レポーティングに近い状況のようである）。

【参考文献】

金融庁［2007］「財務報告に係る内部統制の評価及び監査の基準並びに財務報告に係る内部統制の評価及び監査に関する実施基準の設定について（意見書）」2月15日.

金融庁［2011a］「財務報告に係る内部統制の評価及び監査の基準並びに財務報告に係る内部統制の評価及び監査に関する実施基準の改訂について（意見書）」3月30日.

金融庁［2011b］「内部統制報告制度に関する事例集」3月31日.

日本公認会計士協会［2018a］監査・保証実務委員会研究報告第32号「内部統制報告制度の運用の実効性の確保について」4月6日.

日本公認会計士協会［2018b］経営研究調査会研究資料第5号「上場会社等における会計不正の動向」6月26日.

日本公認会計士協会［2020］監査・保証実務委員会報告第82号「財務報告に係る内部統制の監査に関する実務上の取扱い」2020年3月17日.

日本内部監査協会CIAフォーラム研究会［2017］No.e18「J-SOXの効率化と活用」.

決算・財務報告プロセスにかかる内部統制の課題と工夫

本章のPOINT

▷ 相当数の「開示すべき重要な不備」が発覚している。その主な原因は，実施頻度の少ない非定型または不規則な決算・財務報告プロセスにかかる内部統制が適切に整備または運用されないことである。

▷ 人材不足の中小上場会社において，決算・財務報告プロセスにかかる内部統制の実効性を高める創意工夫として4つの提言をしている。

①新しい事象に関する会計処理や新しい会計基準の取扱い等については「監査人に照会・相談」を行うことが効果的である。

②職務分掌が不十分で相互牽制が働かない場合には，その代替的な統制として，他部署の者による，あるいは外部の専門家や会計参与を利用した「モニタリング」が効果的である。

③決算処理手続が適切に行われたことを経理部内で自己点検する「自己点検シート」を決算業務で活用することにより，それ自体が虚偽表示リスクの低減に役立つ。

④情報システム部門による管理が十分に行き届かないスプレッドシートの利用については，想定されるリスクに対する内部統制をあらかじめ構築しておくことが効果的である。

1 決算・財務報告プロセスの実効性確保の必要性

　内部統制報告制度の信頼性が問われかねない状況になっている。内部統制報告制度が導入され 10 年が経過し，一定の効果を上げている。しかし，一方で内部統制の不備に起因する不適正な開示例が後を絶たず，さまざまな検討課題が指摘されるようになっているからである。

　日本公認会計士協会は，内部統制報告制度の運用の実効性に関する調査・分析結果を取りまとめ，2018 年 4 月 6 日に監査・保証実務委員会研究報告第 32 号「内部統制報告制度の運用の実効性の確保について（以下，「研究報告 32 号」という）」を公表している。その中で，2014 年から 2017 年に「開示すべき重要な不備があり，内部統制は有効でない」と報告した会社が 161 社ある。そのうち，87 社（54％）が有価証券報告書の訂正を契機に「開示すべき重要な不備」（財務報告に重要な影響を及ぼす可能性が高い財務報告に係る内部統制の不備をいう。）を報告している（「研究報告 32 号」p.2）。過年度の不適切な会計処理が発覚して有価証券報告書の訂正報告書を提出し，訂正の原因を踏まえると「開示すべき重要な不備」があるため，内部統制の有効性の評価結果を改める場合がある。これは，内部統制に「開示すべき重要な不備」が存在していたにもかかわらず，そのことを見過ごしている事例が存在することを示唆している。

　「研究報告 32 号」では，「開示すべき重要な不備」を開示するに至った要因を不正と誤謬に分けて分析している。誤謬事例では，相応の内部統制が充実している「日常的な取引に関連する業務プロセス」における「開示すべき重要な不備」の発覚は少ない（88 件のうち 27 件（約 30％））。一方，実施頻度の少ない「非定型または不規則な決算・財務報告プロセス」にかかる内部統制が適切に整備または運用されないことが原因で，相当数の「開示すべき重要な不備」が発覚している（88 件のうち 61 件（約 70％），「研究報告 32 号」pp.4-5）。

　本章では，事業規模が中小規模で，比較的簡素な組織構造を有している中小上場会社に焦点を当てて，決算・財務報告プロセスにかかる内部統制の実効性を確保する方策を模索する。その際，内部統制の整備・運用および評価において経営資源の配分に制約があり，特に，人的資源の不足，経理財務に関する高度な専門的知識と経験を有する人材を手当てできない場合があることに留意する。

2 決算・財務報告プロセスの概要

1. 決算・財務報告プロセスとは

　決算・財務報告プロセスとは，主として経理部門が担当する（1）単体決算プロセス（決算処理プロセスを含む），（2）連結決算プロセス，（3）開示情報作成プロセスをいう（**図表7-1**）。
　たとえば，各決算・財務報告プロセスには以下のような手続が含まれる。

（1）単体決算プロセス（決算処理プロセスを含む）
　総勘定元帳から財務諸表を作成する手続が含まれる。
　なお，決算処理プロセスとは，月次・年次の決算整理などの決算業務（残高検証・分析を含む）をいう。その中には，見積り・予測を伴う科目にかかるプロセス（引当金の計上，評価損の計上，繰延税金資産・負債の計上，発生主義への修正，未払税金の計上等）が含まれる。

（2）連結決算プロセス
　連結修正，報告書の結合および組替えなど，連結財務諸表作成のための仕訳とその内容を記録する手続が含まれる。

図表7-1　決算・財務報告プロセスの全体像

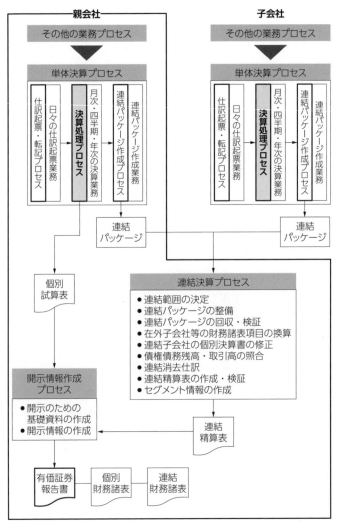

出所：筆者作成。

（3）開示情報作成プロセス

財務諸表に関連する開示事項を記載するための手続が含まれる。

2. 評価の視点から見た決算・財務報告プロセス

決算・財務報告プロセスには，全社的な観点で評価することが適切なものと，固有の業務プロセスとして評価することが適切なものがある（**図表7-2**）。

決算・財務報告プロセス（**図表7-1**）に含まれる「決算処理プロセス」以外のプロセスは，決算・財務報告に関する共通事項として捉えられる。全社的な内部統制と性格的に近いものであり，全社的な観点で評価することが適切なものである。なお，比較情報の作成にかかる手続はこれに加え，全社的な観点で評価する。

一方，「決算処理プロセス」は，個別財務諸表を作成するための決算整理手続であり，業務プロセスにかかる内部統制に近い性格のものである。決算処理プロセスの中から財務報告への影響を勘案して個別に評価対象に追加するものを決め，固有の業務プロセスとして評価することになる。

図表7-2　評価の視点から見た決算・財務報告プロセスの分類

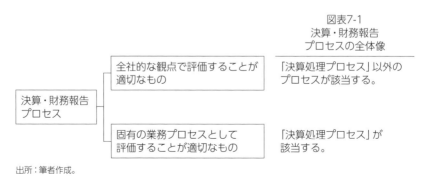

出所：筆者作成。

（1）全社的な観点で評価することが適切なものの例示

- 当期の決算において適用される会計方針，連結財務諸表に適用される法令その他の開示に関して要求される事項を記載した決算指示書を作成し，各事業拠点に配付，説明し，周知徹底を図る。
- 連結決算のために必要となる子会社等の財務情報等を収集するために必要となる連結パッケージの様式が設計されている。
- 上記の連結パッケージの様式について，親会社への報告日程を含め，記載上の留意事項を子会社等に配付し，説明している。
- 各事業拠点から収集された連結パッケージについて，親会社の責任者による査閲（対予算比較，対前期比較等）が実施されている。異常な増減等があれば，原因が調査され，必要に応じ経営者に説明している。
- 有価証券報告書の開示に際し，経営者による査閲が実施されている。財務諸表等に異常な増減等があれば適切に対応されている。
- 法令等の改正により新たに適用される開示項目について，早期に検討し，必要に応じて法律の専門家や監査人等と協議している。

（2）固有の業務プロセスとして評価することが適切なものの例示

　事業拠点における決算処理手続等は，追加的に経営者による評価の対象に含めるかどうかを検討しなければならない。たとえば，引当金や固定資産の減損損失，繰延税金資産・負債など見積りや経営者による予測を伴う重要な勘定科目にかかる「決算処理プロセス」で財務報告に及ぼす影響が最終的に大きくなる可能性があるものである。

3. 決算・財務報告プロセスの評価範囲

（1）全社的な観点で評価する範囲

　全社的な観点で評価することが適切な決算・財務報告プロセスは，全社的な内部統制に準じて，持分法適用関連会社を含め，原則としてすべての事業

拠点について全社的な観点で評価する。ただし，財務報告に対する影響の重要性が僅少である事業拠点にかかるものについては，その重要性を勘案して，評価対象としないことができる。

　通常，全社的な観点で評価する決算・財務報告プロセスの評価範囲は，全社的な内部統制の評価範囲と一致するものと考えられる。しかし，両者に差異が生じている場合はその理由を確かめる必要がある。

（2）固有の業務プロセスとして評価する範囲

　「決算処理プロセス」は，固有の業務プロセスとして評価することが適切である。そのうち財務諸表に重要な影響を及ぼす「決算処理プロセス」を個別に評価対象に追加し，それ自体を固有の業務プロセスとして評価する。

4. 決算・財務報告プロセスの評価時期

　次節3　3.に記載しているが，決算・財務報告プロセスは実施頻度がきわめて少なく，評価できる実例の数とタイミングが極端に少なくなる。したがって，不備を発見し改善する機会もきわめて少なくなる。また，その性質上，当該プロセスで内部統制の不備が発見された場合，財務報告に及ぼす影響が大きく，開示すべき重要な不備に該当する可能性もある。そこで，その運用状況の評価については，仮に不備があるとすれば早期に是正が図られるべきである。実施のタイミングについては弾力的な取扱いが示されており，慎重に検討する必要がある。

　つまり，決算・財務報告プロセスについては，必ずしも当期の期末日以降ではなく，期末日までに内部統制に関する重要な変更があった場合には適切な追加手続が実施されることを前提に，前年度の運用状況や四半期報告等の作成を利用して，期中において検証しておくことが効率的かつ効果的である。これは，仮に不備があるとすれば早期に発見でき，是正期間を確保できるからである。

3 ｜ 決算・財務報告プロセスの特徴

決算・財務報告プロセスには，以下の5つの特徴が考えられる。これらの特徴を踏まえて決算・財務報告プロセスの課題を検討しなければならない。また，その課題を解決し実効性を確保するための創意工夫を行う必要がある。

1. 経理財務に関する高度な専門的知識と経験を必要とする業務プロセス

連結財務諸表や連結キャッシュ・フロー計算書の作成，経営者の見積りや判断を伴う会計処理等は，専門性が高く複雑であり，会社自身で決算を組めないこともある。

2. 属人的な業務プロセス

決算業務は経理担当者の経験や前任者の引継メモで行われることが多く，属人的な業務プロセスである。会計処理のための手順や手続を記載したマニュアル，チェックリストや，会計処理の妥当性，特に見積りの合理性を説明する文書がない。したがって，目に見える形で説明できないことが多い。

3. 実施頻度がきわめて少ない業務プロセス

決算業務の多くは，年に1回もしくは四半期に1回しか実施されない。月次決算を実施している場合でも年度決算よりも簡便な方法を採用していることが多い。また，その実施頻度は日常的な取引に関する業務プロセスに比べて極端に少ない。評価できる実例の数とタイミング，また，不備を発見し改善する機会も極端に少ないものとなる。したがって，他の内部統制よりも慎

重に運用状況の評価を行う必要がある。

4. 財務報告の信頼性に直結する業務プロセス

期末の決算修正には，引当金などの見積り，判断を伴うものが多い。また，決算数値に大きな影響を及ぼす可能性が高いものも多く含まれる。したがって，開示すべき重要な不備が発見されやすい。

5. スプレッドシートが広く利用されている業務プロセス

決算・財務報告プロセスでは，決算処理手続，連結財務諸表の作成等を通じ，一般に数値データの計算・集計・分析・加工等に用いられる Excel 等の表計算ソフト（以下，スプレッドシートという）が広く利用されている。

この場合，情報システム部門による管理が十分に行き届かない。したがって，情報システムの利用者であるユーザー自らが，業務システムを構築し運用に直接携わることから，管理レベルが低くなることが多い。

4 決算・財務報告プロセスにおける「開示すべき重要な不備」

決算・財務報告プロセスにかかる「開示すべき重要な不備」については，相当数の事例がある。しかし，経営者評価により適時に識別している事例はきわめてまれである。そのほとんどは，財務諸表監査において監査人から誤謬による重要な虚偽表示の指摘を受け，その結果として，決算・財務報告プロセスについて「開示すべき重要な不備」を識別したものである。

内部統制報告制度においては，経営者評価において「開示すべき重要な不備」を識別し，適時適切に，その是正措置を講じることが期待されている。しかし，その期待に反して，決算・財務報告プロセスにかかる「開示すべき

重要な不備」が，経営者評価のみならず，内部統制監査においても看過されていることを意味している。

これは，昨今の度重なる会計基準の改定により，決算処理がますます複雑になり，また，新たな見積り項目も増える傾向にある。それにもかかわらず，相応の決算処理および検証体制の見直しが適時適切に行われていないことが原因である。

その結果，企業結合，事業環境の変化または新たな会計基準の適用に伴って，会計基準の採用や見直しが行われた見積り項目等，「非定型または不規則な決算・財務報告プロセス」に関連する項目で相当数の誤謬が発生し，「開示すべき重要な不備」が明らかになっている。

主な事例は以下のとおりである。誤謬が発生しやすい会計基準としては，企業結合会計，税効果会計，金融商品会計，固定資産の減損会計，連結会計が挙げられる。

- 企業結合における繰延税金資産の計上誤り
- 企業結合における自己株式処分差益の会計処理の誤り
- 金利スワップの特例処理の適用誤り
- のれんの税効果会計の適用誤り
- 子会社株式の減損処理誤りおよび当該子会社の連結範囲の誤り
- 関連会社株式の減損処理誤りおよび当該関連会社の持分法適用範囲の誤り
- 引当金の見積り誤り
- 株式交換にかかる取得原価の算定誤り
- 海外連結子会社の税金計算の誤り

上記の誤謬事例においては，当該会計処理に精通した担当者がおらず外部専門家を利用しなかったことが原因とされることもある。

財務諸表監査において，誤謬による重要な虚偽表示の指摘を受けたことにより，決算・財務報告プロセスにかかる「開示すべき重要な不備」が顕在化することがある。その際，それを是正し適切に整備・運用するだけではな

く，経営者評価や内部統制監査において，当該不備を識別できなかった原因を検討しなければならない。また，決算・財務報告プロセスにかかる内部統制の評価体制や評価方法の改善も行う必要がある。

5 中小上場会社における決算・財務報告プロセスの課題

決算・財務報告プロセスについて，監査人から多数の誤りや重要な誤りについて指摘を受けることが多い。

その原因の多くは，人材不足である。たとえば，以下のようなものがある。

- 必要な人材を採用することが難しい雇用環境にあった。
- 決算日前後に経理担当者が退職したことによって，決算処理の正確性を検証する人材が不足し，属人的な決算体制であった。
- 信頼性のある財務報告の作成を支える上で必要な能力を有する人材を確保・配置せず，成長を優先して内部統制の充実を後回しにしていた。

決算・財務報告プロセスは，実施頻度が少なく，非定型または不規則で，経理財務に関する高度な専門的知識と経験を必要とするという特徴がある。

中小上場会社では，以下の課題を有することから，決算・財務報告プロセスにかかる「開示すべき重要な不備」が後を絶たない。

- 十分な専門的知識と経験を有する経理部門の人材の手当てができていなかった。
- 十分な専門的知識と経験を有する経理部門の人材を確保・配置していた。それにもかかわらず，実施頻度の少ない非定型または不規則な取引や見積り項目にかかる内部統制については，会計処理の承認時の検証が形式的になり，十分に実効性を担保できていなかった。

6 中小上場会社における決算・財務報告プロセスの創意工夫

　中小上場会社における決算・財務報告プロセスの課題において，内部統制の整備・運用における経営資源の配分上の制約が大きい。特に，人的資源の不足，経理財務に関する高度な専門的知識と経験を有する人材を手当てできないこと，さらに，当該人材を手当てできたとしても実施頻度の少ない非定型または不規則な取引や見積り項目にかかる内部統制については，会計処理の承認時の検証が形式的になり，十分に実効性を担保できていなかったことが課題になっている。

　このような人材不足等があるとしても，たとえば，以下の点に留意して，決算・財務報告プロセスにかかる内部統制の実効性を高めるべく創意工夫する必要がある。

- 新たな会計上の見積り項目のように慎重な検討が必要となる取引を捕捉する仕組みを構築しているか。たとえば，見積り方法の妥当性，見積りの仮定の妥当性，基礎データの信頼性を担保する内部統制を構築しているか。
- 企業および企業環境の変化（たとえば，子会社買収，新規取引の発生，経営状態の悪化，事業環境の変化や会計基準の適用）に応じて，内部統制を適時に見直して構築しているか。
- 経理や税務の人材不足を補完するために，財務報告を支援する外部専門家の利用の要否を検討しているか。

　当研究グループが行ったヒアリング調査においても，税理士に税金計算の適切性を確認することにより，あるいは会計事務所にいたことのあるコンサルタントが入って見積り項目ごとに連結・単体決算プロセスのチェックリストを作成することにより，経理や税務の人材不足を補完しながら，内部統制の有効性を担保している事例が見られた。

1. 監査人に対する照会・相談

　中小上場会社では，経理財務に関する高度な専門的知識と経験を有する人材の不足を補完する必要がある。監査人に対して新しい事象に関する会計処理や新しい会計基準の取扱い等の照会・相談を行うことが効果的である。

　この場合，監査人は，独立監査人としての独立性の確保を図りつつ，適切な会計方針の採用や有効な内部統制の構築等に向けて適切な指導を行うことになる。その際，会計方針の採用の決定や関連する内部統制の構築等にかかる作業や決定は，あくまで経営者によって行われることが前提となる。

　なお，経営者が監査人に対して照会・相談を行うことは，財務報告の作成に必要な能力が不足していることを原因として，直ちに内部統制の不備と判断されるものではない。

　当研究グループが行ったヒアリング調査においても，税効果について建物を建て替える際に大きな繰越欠損金が発生し，繰延税金資産の回収可能性について公認会計士と協議しながら対応する事例が見られた。このように判断に悩む場合，外部の専門家に早めに相談することにより，内部統制の有効性を担保できる場合がある。

2. 職務分掌が不十分な場合の代替的な統制

　一連の職務を同一の担当者が実施すると，担当者のミスが訂正されない，または不正を犯す機会を増大させることになるため，内部統制には適切な職務分掌が必要となる。

　しかし，中小上場会社では，経理財務に関する高度な専門的知識と経験を有する人材の不足により，担当者間で相互牽制を働かせるための適切な職務分掌の整備が難しい場合が想定される。

　そのような場合には，各組織の特性等に応じた適切な代替的な統制により対応することになる。

たとえば，以下のような職務分掌の代替的な統制が考えられる。

①経営者や他の部署の者による適切なモニタリングの実施

- 取引報告書等により取引内容を定期的かつ適時に閲覧する。
- 担当者が実施した勘定残高調整表等の確認など，担当者の業務を確認する。
- 定期的に資産の実地検査や勘定残高の外部確認などを実施する。

②外部の専門家や会計参与を利用したモニタリング作業の一部実施

外部の専門家としては，会計や税務の専門家のみならず会計参与の活用も考えられる。なお，外部の専門家が実施した業務結果については，依頼した基本的な内容を満たしているか確認する必要がある。

3. 自己点検シートの活用

見積りや経営者による予測を伴う重要な勘定科目にかかる決算・財務報告プロセスは，財務報告に及ぼす影響が最終的に大きくなる可能性がある。また，実施頻度が少なく非定型または不規則なプロセスでもあり，定型的な反復継続する取引を処理する業務プロセスと同水準の内部統制を整備・運用できない可能性が高い。そのことから，重要な虚偽表示が発生するリスクが高い業務プロセスと考えられる。

これら重要な虚偽表示リスクが高いと考えられる決算・財務報告プロセスについては，より慎重に整備・運用と評価を行う必要がある。しかし，以下のような弊害がある。

- 決算・財務報告プロセスは，専門性が高い分野で手続が煩雑であり，リスクの発生ポイントおよび統制ポイントが多い。したがって詳細なプロセス，リスク，コントロールの内容を業務フローチャート等，いわゆる3点セットに表すのは煩雑であり，また時系列では表現できない並行処理も多数含まれる属人的な業務プロセスである。

- 非定型または不規則な取引・会計処理を理解する人材を確保し（外部の専門家の利用を含む），誤謬を防止または発見できるような決算体制を整備する必要がある。しかし，中小上場会社では，そのような人材を確保することは難しく，実際の担当者または同一の部署内の評価者による評価を実施せざるを得ないことがある。

　そのため，中小上場会社では，非定型または不規則な取引・会計処理を理解する人材を十分に確保できないことを前提に，会計処理のための手順や手続を記載した規程・マニュアル，チェックリストや業務フローチャートを作成しなければならない。会計処理の妥当性，特に見積りの合理性を説明する文書を目に見える形で整備する必要がある。

　その創意工夫として，内部統制の整備・運用と評価を行うために用いるいわゆる3点セット等を補完する形で「自己点検シート」を活用することが考えられる。

　「自己点検シート」は，決算処理手続が適切に行われたことを経理部内で自己点検するために使用するチェックリストである。「自己点検シート」を決算業務で活用することにより，それ自体が虚偽表示リスクの低減に役立つ。

　また，経理財務に関する高度な専門的知識と経験を有する人材の不足を補完するため，監査人に対して新しい事象に関する会計処理や新しい会計基準の取扱い等の照会・相談を行う。その際，「自己点検シート」を作成することで，経理担当者のスキルアップにもつながる教育的な効果も期待できる。

　なお，内部統制報告制度の経営者評価において，実際の担当者または同一の部署内の評価者による自己点検だけでは独立的評価にならないので，内部監査部門等の独立的評価者による検証が必要になる。その際，「自己点検シート」を決算業務の独立的評価に活用することにより，詳細な経理業務に精通していない独立的評価者のサポートにもなる。

　また，上記で職務分掌が不十分な場合の代替的な統制として，モニタリン

グの実施を掲げている。その際, **図表7-4**, **図表7-5**で説明するような「自己点検シート」を活用することにより, その実効性を向上させることが可能となる。

　以下, (1) 全社的な観点で評価する決算・財務報告プロセスと (2) 固有の業務プロセスで評価する決算・財務報告プロセスに分けて,「自己点検シート」を活用した内部統制の構築・評価を例示する。

(1) 全社的な観点での評価における自己点検シートの活用

　全社的な観点での評価は, 全社的な内部統制と同じように質問書やチェックリスト等によって評価することが多い。

　しかし, チェックリスト方式により決算・財務報告プロセスを評価する場合には, チェック項目が表面的・抽象的で問題の有無にかかわらずチェックマークがつくような内容になってしまうことがある。

　そこで, チェックリストによる可視化と評価の実効性を担保するために,「自己点検シート」をあわせて活用することが考えられる。

　以下, 全社的な観点で評価する決算・財務報告プロセスの可視化と評価の例示として, 連結の範囲の判定プロセスのチェックリスト (**図表7-3**) と自己点検シート (**図表7-4**) を紹介する。

　チェックリスト上で, 適切に関係会社および連結の範囲・持分法の適用範囲を判定する体制が整備・運用されていることを, 補足的に「自己点検シート」とその他資料 (グループ会社の状況一覧表, 連結の範囲判定シート等) を用いて確認する。

　安易に数値基準により形式的に連結範囲から除外していると, 親会社における子会社等に対する管理意識が希薄になり, 子会社等での不正や誤謬の発見が遅れることもある。連結範囲の検討においては, 金額的な重要性だけに着目せず, 質的な重要性にも留意して慎重に判断する必要がある。また, 連結範囲から外れた非連結子会社等についても, 管理をしなくてもよいわけで

はない点に留意が必要である。

（2）固有の業務プロセスとしての評価における自己点検シートの活用

　固有の業務プロセスとしての評価は，他の業務プロセスと同じように3点セット（フローチャート，業務記述書，RCM）を活用して評価することが多い。しかし，評価対象となる決算処理プロセスには，見積りや判断を伴う会計処理が含まれており，コントロールすべきリスクが複雑・多岐にわたる。そこで，その可視化には創意工夫が必要であり，いわゆる3点セットによる可視化と評価の実効性を担保するため「自己点検シート」をあわせて利用することが考えられる。

①リスクを識別する際の留意点

- 会計上の見積りについては，見積りを実施する上での仮定の設定に主観的な判断が伴うため，「非現実的な仮定の設定に基づくリスク」が一般的に存在する。たとえば，「商品の陳腐化は保有期間が1年以上となったものに集中的に発生する」等が考えられる。
- 会計上の見積りについては，すでに発生している事象に関する情報を収集した上で見積りを実施することとなる。そのため，「必要な情報の完全性が確保できないリスク」「不正確な情報収集に基づくリスク」が一般的に存在する。
- 会計上の見積りについては，会社の事業計画等の将来の事象に関する情報に依拠して見積りを実施することとなる。そのため，「実現可能性が低い将来計画に基づくリスク」「未承認の将来計画に基づくリスク」が一般的に存在する。
- スプレッドシート（表計算ソフト）やRPA（Robotics Process Automation）が利用される場合には，管理レベルが低くなってしまうというリスクが一般的に存在する。

図表7-3　連結範囲の判定プロセスのチェックリスト

決算・財務報告プロセスのチェックリスト
（全社的観点）　　　　　→　自己点検（現状の把握）　サマリーシート

決算・財務報告プロセス［全社的観点］				自己点検（現状の把握）		
				デザインの存在状況		
区分	No	評価項目	具体的要件	文書・規程類	組織体・会議体	制度・行為
連結決算プロセス	10	連結範囲の決定	• グループ会社の状況をまとめた一覧表（子会社及び関連会社について、会計処理基準、出資関係、人事関係（役員の派遣・兼務の状況を含む）、資金関係、技術関係、取引関係等）が作成され、定期的に更新されている。	• 連結決算規程・連結決算業務マニュアル • グループ会社の状況一覧表 • 連結の範囲判定シート • 子会社。関連会社、持分法適用範囲判定シート	―	• 連結範囲等の判定のための調査に係る管理体制
			【可視化・評価】 チェックリストの評価項目や具体的要件具体的要件だけでは，詳細な手続までは触れていないため，補足的に「連結の範囲の自己点検シート」を使用する。			
			• 四半期決算期ごとに、子会社・関連会社の判定を行い、連結及び持分法の対象範囲に含めるか否か検討している。			
			• 株式会社形態以外の出資先（投資事業（匿名）組合等）に関して、出資比率等の量的観点だけでなく、質的観点からも連結及び持分法の対象範囲に含めるか否か検討している。			

出所：筆者作成。

→ 運用状況テスト／不備の改善　サマリーシート

| | | | 運用状況の評価 | | | | |
| 適用状況／運用状況の把握 | | | 評価手続 | 実施者 | 実施日 | テスト結果(不備の記述) | 参照・証拠資料 |
説明・根拠	参照資料						
• 関係会社管理部が子会社等の重要会議の議事録、稟議書をレビューし、重要事項を調査している。 • 連結決算業務マニュアルで規定された所定の一覧表・スプレッドシートを作成して毎期検討している。 • 自己点検シートを使用して、連結範囲等の判定が適正に行われていることを確認している。	• 自己点検シート−連結範囲		• 十分な情報収集を行った上で、グループ会社の状況一覧表が作成され、適時に更新されているかを確認する。 • 更新された一覧表の内容に基づき、所定のシートを使用して適正に連結の範囲等を判定しているかを、各スプレッドシートと自己点検シートをレビューすることで確認する。	＊＊	2020 7/15	＊＊＊＊自己点検シートが適正に作成され、経理部長により検証されていることを確認し、＊＊＊＊問題はない。	• 自己点検シート • グループ会社の状況一覧表 • 連結の範囲判定シート・子会社.関連会社、持分法適用範囲判定シート
＊＊＊＊四半期決算ごとに変更がないことを確認している。	• 自己点検シート−連結範囲		＊＊＊＊	＊＊	2020 7/15	＊＊＊＊	• 自己点検シート • グループ会社の状況一覧表 • 連結の範囲判定シート
投資事業組合については、＊＊＊＊特に留意して検討している。	• 自己点検シート−連結範囲		＊＊＊＊	＊＊	2020 7/15	＊＊＊＊	• 自己点検シート • グループ会社の状況一覧表 • 連結の範囲判定シート

図表7-4　連結範囲の判定プロセスの自己点検シート

連結決算プロセス（連結の範囲）に関する「自己点検シート」には，連結の範囲等が適切に判定されているか否かのチェック項目が含まれている。

株式会社　＊＊＊＊				NO.　＊＊－＊＊			
関連する勘定科目	なし			評価者：			
関連する部門	経理部門・関係会社管理部門			評価日：			
関連するシステム	連結決算システム			独立的評価者は「自己点検シート」を担当者が作成し，検証者により承認されていることを確かめ，評価者欄に押印する。			
重要な会計方針	－						
会計基準等	連結の範囲及び持分法の適用範囲に関する重要性の原則の適用に係る監査上の取扱い（監査委員会報告第52号）　連結財務諸表におけるリース取引の会計処理及び開示に関する実務指針（会計制度委員会報告第5号）						

@：スプレッドシートに@マークを付す

	チェック項目	規程・マニュアル	@	関連資料（証憑・資料）	担当者		検証者	
					検印	日付	検印	日付
〈1〉	全般							
1	使用するスプレッドシート類について、計算式とその対象範囲及びデータリンクなどが事前に検証されているか。		@	連結の範囲判定シート.xls				
2	決算資料一覧表が作成され、連結範囲の判定基礎資料が定義されており、その作成スケジュールが認知されているか。	連結決算規程、連結決算マニュアル						
〈2〉	各種影響の把握							
1	連結の範囲に影響を及ぼす会計事実の変化の有無を確かめたか。・子会社の重要性の増減							
2	連結の範囲に影響を及ぼす規則等の変更、改訂の有無を確かめたか。・会計基準の新設・改廃・その他法令・税制の改正等							
〈3〉	連結範囲決定方針の継続適用							
1	連結の範囲及び重要性の判断基準が、所定の基準に準拠し継続して適用されていることを確かめたか。							
2	量的側面から重要性が乏しいとする場合の判断基準（資産基準、売上高基準、利益基準、剰余金基準）の具体的割合について、所定の割合が継続して適用されていることを確かめたか。							
〈4〉	連結範囲に含めるべき子会社							
1	子会社及び関連会社一覧表、保有株式の議決権割合計算シート、子会社及び関連会社の重要性検討表等により、連結の範囲が適切かを確かめたか。			子会社及び関連会社一覧表、保有株式の議決権割合計算シート、子会社及び関連会社の重要性検討表				

担当者は「自己点検シート」のチェック項目ごとに、必要に応じて関連資料（連結の範囲判定シート）を活用しながら、連結の範囲の検討過程の妥当性を自己点検し、問題なければ担当者欄に押印する。

検証者（一定の権限を有する者：例えば、経理部長）が、連結の範囲の検討過程の妥当性の自己点検を再実施し、問題なければ検証者欄に押印する。

以下，省略

出所：筆者作成。

②コントロールを識別する際の留意点

- 経理財務に関する専門知識・経験を必要とする業務プロセスであることから，「職務の分離」を行うことが困難であることが多い。
- 経理財務に関する専門知識・経験を必要とする業務プロセスであることから，「承認」だけではコントロールできないことが多い。そこで，経理財務に関する専門知識・経験を有する「管理者によるレビュー」が必要となる。
- プロセスそのものがマニュアルで実施されていることが多く，自動化された業務処理統制を構築することが困難であることが多い。
- 「非現実的な仮定に基づくリスク」に対するコントロールとして「過去の会計上の見積りと実績との対比（バックテスト）」の実施が重要となる。

　以下，財務報告への影響を勘案して個別に評価対象に追加する決算・財務報告プロセスの可視化として，税効果会計の業務フローチャートと自己点検シートを例示する。

図表7-5　税効果会計の業務フローチャートと自己点検シート

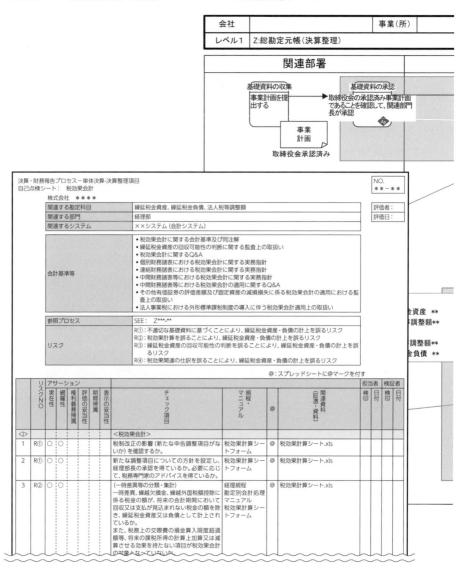

出所：筆者作成。

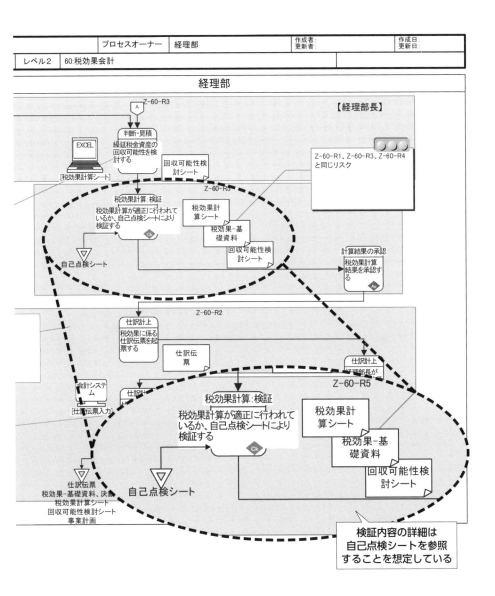

　以下の4つの固有の業務プロセスについて，テスト対象コントロールの選定に関する具体例を示す。以下の**図表7-6**のRはリスクである。

図表7-6　固有の業務プロセスについてのテスト対象コントロールの選定

プロセス	プロセスの概要	リスクの概要	コントロールの概要
税効果会計プロセス	税効果計算のための基礎資料収集～税効果計算・回収可能性の検討～税効果仕訳の計上	以下の原因により関連勘定科目の計上を誤るリスクがある。 (R1) 不適切な基礎資料	(R1) に対する統制 ①基礎資料の承認（取締役会決議も含む） ②基礎資料作成過程での照合（例：外部に依頼する際に想定したデータと入手データの照合）
退職給付会計プロセス	退職給付債務計算のための基礎資料の収集～計算依頼・退職債務計算～関連仕訳の計上		
貸倒引当金プロセス	貸倒引当金計算のための基礎資料の収集～債権分類・債権の評価～貸倒引当金仕訳の計上	(R2) 下記見積を誤る ・税効果計算，回収可能性の判断 ・退職給付債務見積 ・貸倒引当金見積 ・グルーピング，減損の兆候の識別，将来CF見積，減損の測定	(R2) に対する統制 ③自己点検シートによる照合（左記の見積を担当者が実施する際に自己点検シートを使用して自ら点検） ④自己点検シートによる承認（左記の見積を経理部長等が検証する際に自己点検シートを使用して確認）
減損会計プロセス	減損処理のための基礎資料収集～グルーピング・兆候・認識・測定～減損仕訳の計上		
		(R3) 会計仕訳を誤る	(R3) に対する統制 ⑤会計仕訳の照合 ⑥会計仕訳の承認

出所：筆者作成。

4. スプレッドシートやRPA利用に伴うリスクへの対応

　中小上場会社においては，複雑で大量のデータを扱わない場合が多く，IT投資に対する経済的な制約もあり，情報システムのIT化が進まずスプレッドシートを利用している会社も多い。また，中小上場会社かどうかに限らず，決算・財務報告プロセスでは，スプレッドシートやRPAが広く利用されている。

　スプレッドシートは，ユーザー自らデータを加工，集計，分析，グラフの作成や表示レイアウトの変更等も容易にできる非常に便利なツールである。また，RPAでは，手作業の処理をユーザー自ら自動化できる。一方で，情報システムの利用者であるユーザー自らが業務システムを構築し運用に直接携わることから，情報システム部門による管理が十分に行き届かず管理レベルが低くなってしまうというリスクが存在する。たとえば，ユーザーが容易にプログラムやデータを変更できる場合には，誤りや不正が入り込む可能性が高くなる。また，データを容易に持ち出せる場合には，情報漏えいの可能性が高くなる。実際，会計システムや業務システムへの入力データを作成するスプレッドシート等のデータを改ざんしたことによる「開示すべき重要な不備」の事例が発覚している。

　このような状況において，スプレッドシートやRPAの利用に伴うリスクを識別し，そのリスクに対応する内部統制を構築・運用することが求められる。そこで，スプレッドシートの利用において想定されるリスクと内部統制は，**図表7-7**のとおりである。

　スプレッドシートやRPAのリスクの程度を評価する際の観点としては，以下の5つが挙げられる。

　①複雑さ
　②処理する金額の重要性
　③処理する内容・目的
　④変更頻度等
　⑤他システムとの連携の程度

図表7-7　スプレッドシートの利用において想定されるリスクと内部統制

想定されるリスク	内部統制の例
①承認を受けていないスプレッドシートを利用すると, 不正または誤謬により会計処理を誤るリスクがある。	**[スプレッドシートの承認]** 　スプレッドシートを利用する際には, 適切な承認を受ける。
②スプレッドシートの処理の完全性, 正確性, 正当性が担保されていない場合には, 不正または誤謬により会計処理を誤るリスクがある。	**[文書化による検証]** 　スプレッドシートの仕様および, 開発, 変更, 運用の手続を文書化し, 適切に更新する。文書化されたスプレッドシートの仕様等を確認し, スプレッドシートに組み込まれたマクロや計算式等の完全性, 正確性, 正当性を検証する。 **[検算による検証]** 　スプレッドシートに組み込まれたマクロや計算式等のロジックの完全性, 正確性, 正当性を検算により検証する。 **[インプット管理]** 　入力データの正確性を担保し, 仮に入力データが誤ったとしても会計システムにそのまま転送されないように統制する。 **[バージョン管理]** 　最新のバージョンのみが使用されるように命名規則等を定める。
③スプレッドシートやデータが無断で変更され, 不正または誤謬により会計処理を誤るリスクがある。	**[アクセス管理]** 　承認されていない人間がアクセスできないように, スプレッドシートやデータへのアクセスを適切に制限する。 **[変更管理]** 　変更仕様の確定, テスト, 責任者による承認等の手続を正式に定め, 不正または不注意によって, 数式やマスタ・データ等のデータ処理にとって重要な項目が変更されないように保護する。
④スプレッドシートやデータが損壊し, 会計処理を行えなくなるリスクがある。	**[バックアップ]** 　スプレッドシートやデータのバックアップを定期的に行い, 一定の期間, 安全な場所で保管する。

出所：筆者作成。

[参考文献]

伊勢悠司［2018］「施工後 10 年で大きく変わった経営環境，内部統制の見直しはこう進める」『旬刊経理情報 No.1519』中央経済社.

金融庁［2011a］「財務報告に係る内部統制の評価及び監査の基準並びに財務報告に係る内部統制の評価及び監査に関する実施基準の改訂について（意見書）」3 月 30 日.

金融庁［2011b］「内部統制報告制度に関する Q&A」3 月 31 日改正.

金融庁［2011c］「内部統制報告制度に関する事例集―中堅・中小上場企業等における効率的な内部統制報告実務に向けて―」3 月 31 日.

日本公認会計士協会［2018］監査・保証実務委員会研究報告第 32 号「内部統制報告制度の運用の実効性の確保について」4 月 6 日.

南成人［2010］『内部統制評価にみる「重要な欠陥」の判断実務』中央経済社.

中小上場会社の子会社管理における内部統制の課題と工夫

─・本章のPOINT・─

▷ 中小上場会社の子会社においては内部統制対応に充てられる人的リソースが限られる。効率的・効果的な内部統制の整備が求められる。

▷ 各社へのヒアリング結果も踏まえ，COSO「内部統制の統合的フレームワーク」の17の原則を活用し，体系的かつ効率的に整理した。

▷ 中小上場会社の子会社管理においては，組織が簡素であり，上級経営者による統制の目が行き届くという点や，構成員間の直接的な相互交流が高まりやすいというメリットがある。

▷ 「経営者の姿勢」「情報と伝達」「親会社からのモニタリング」を重視し，柔軟な取り組みや各種内部統制の統合を行っていくことにより，効率的で効果的な内部統制の構築・評価を進めることができる。

第**8**章

1 実施基準等での子会社管理における内部統制の要請

経営者は，内部統制の有効性の評価にあたって，財務報告に対する金額的および質的影響の重要性を考慮し，合理的な評価の範囲を決定しなければならないとされている。(内部統制評価の基準2 (2))。多数の子会社を有している企業においては，すべての連結子会社を評価範囲に含めることは実務的に困難が伴うこともあり，いかに適切に内部統制の評価範囲を決定するかが重要な課題である（監査・保証実務委員会研究報告第32号「内部統制報告制度の運用の実効性の確保について」（以下，「研究報告32号」という））。

「財務報告に係る内部統制の評価及び監査の基準並びに財務報告に係る内部統制の評価及び監査に関する実施基準の設定について（意見書）」（以下，「内部統制基準」という）において，「財務報告に係る内部統制の有効性の評価は，原則として連結ベースで行うものとする」とされ，連結対象となる子会社等（組合等を含む）は，評価範囲を決定する際の対象に含まれる。

「全社的な内部統制」および「決算・財務報告に係る業務プロセスのうち，全社的な観点で評価することが適切と考えられるもの」については，財務報告に対する影響の重要性が僅少である事業拠点を除き，原則としてすべての事業拠点について全社的な観点で評価を行うこととされている（「内部統制基準」）。

また，上記以外の業務プロセスについては，「企業が複数の事業拠点を有する場合には，評価対象とする事業拠点を売上高等の重要性により決定する。たとえば，本社を含む各事業拠点の売上高等の金額の高い拠点から合算していき，連結ベースの売上高等の一定の割合に達している事業拠点を評価の対象とする。」とされている（「内部統制基準」）。

このため，連結売上高に占める比率が高い子会社においては，全社統制・業務プロセス・IT全般統制等多くの分野について内部統制の評価範囲に含める必要がある。評価範囲について中小上場会社に対する軽減措置等は実施基準等に明確に記載されてはいないため，子会社における内部統制について

も大規模企業同様に構築し，評価活動を行っていくことが事実上求められていると考えられる。一方，中小上場会社においては人的リソースが限られていることが多く，これらの要請は重いものとなり得る。

　さらに近年，子会社管理に関して，会社法の改正の中において，親会社に加えその子会社も対象とした企業集団の内部統制システムの整備義務を，会社法施行規則における規律から会社法における規律に「格上げ」されている。このため，財務報告目的以外の内部統制についても対応が必要となっており，子会社管理にかかる負担や責任は増加している。

　また，法的要請だけでなく，経営という観点から鑑みても，不正防止や業務の有効性・効率性向上のための内部統制の整備が求められる。

　この章では，金商法対応に主眼に置きつつも，その他の目的の内部統制も念頭において，中小上場会社が効率的・効果的に子会社管理の内部統制を構築・評価するために有効な施策とは何か，課題は何かを整理する。

2 子会社管理における内部統制 ──COSO17原則に沿った整理

　「子会社管理の内部統制」と一口にいっても，現在，体系的に整理されたフレームワークや統制例が存在しないため，関係者が議論する際の共通言語が十分に整っていないのが現状である。今回は，各社へのヒアリング結果も踏まえ，COSO の「内部統制の統合的フレームワーク」（以下，COSO フレームワークという）の17の原則（以下，COSO17原則という）をフレームワークとして活用することにより，より実践的かつ体系的に子会社管理の内部統制を整理する。

　以下**図表8-1**は，COSO17原則が子会社管理に有効に適用できるか，中小上場会社において特にどの原則，どのような統制が有効であるかを整理したものである（COSO17原則については，章末にて解説する）。

図表8-1　子会社管理に有効な内部統制例（COSO17原則別）

COSO17原則	ヒアリングで確認できた事例	その他に考えられる統制, 考察
原則1 組織は, 誠実性と倫理観に対するコミットメントを表明する。	【トップの姿勢について】 （内部統制の構築）特に研修等は行っていないが, 経営トップの意識が高く, 管理職全員が内部統制プロジェクトチームメンバーに指名されている。	左記の統制がヒアリングされた企業においては, 社内での高い内部統制に関する意識が見られた。 親会社および子会社の経営者が内部統制の重要性を理解し, 経営幹部および従業員に周知徹底していることが重要と考えられる。 【統制例】 行動規範や不正防止プログラムなどのグループ全体のプログラムを構築する。（研究報告第32号）。
原則2 取締役会は, 経営者から独立していることを表明し, かつ, 内部統制の整備および運用状況について監督を行う。	【ガバナンス・子会社主要会議体への取締役・監査役の参加】 子会社管理としては, 事業管理責任者会議を開催している（月次, 2時間程度）子会社社長・本社本部長（事業責任者）・代表取締役・常勤取締役・執行役員および常勤監査役が参加し, 各社の状況について報告・議論がなされている。	親会社および子会社の取締役会・監査役が, 子会社に対するモニタリングを効かせることが重要と考えられる。 子会社経営者との定期的な協議・経営会議体への参加や主要指標のモニタリング等の方法が考えられる。
原則3 経営者は, 取締役会の監督の下, 内部統制の目的を達成するに当たり, 組織構造, 報告経路および適切な権限と責任を確立する。	【組織構造について】 子会社には親会社からの出向者がおり, それらのメンバーが各社におけるJ-SOX内部統制の管理窓口となり, 内部統制の構築・維持にあたっている。J-SOXの内部統制の評価については, 本社メンバーが子会社内部統制の評価を行っている。	左記の統制がヒアリングされた企業においては, 子会社の状況を親会社メンバーがよく把握しており, またスムーズなコミュニケーションにつながっていた。 子会社においては内部統制構築・評価にかかる人員・スキルが不足することが多い。本社からの十分な組織的・人的サポートも必要である。 【統制例】 • 親会社幹部の派遣, グループ内の人材交流 • 子会社の経営者に対する権限と責任を適切に付与する。（研究報告第32号）。
原則4 組織は, 内部統制の目的に合わせて, 有能な個人を惹きつけ, 育成し, かつ, 維持することに対するコミットメントを表明する。	【教育政策について】 子会社ではコンプライアンス教育を実施している。（内部統制に特化した研修は実施されていない）	内部統制意識を醸成するための継続的研修が有用であると考えられるが, 今回のヒアリングにおいては子会社での研修を実施できている企業は少なかった。これは, 人的・コスト面の負荷が要因と考えられる。 【統制例】 これらの負荷を避けるために, 外部研修やE-learningを活用して継続的研修を実施することも考えられる。
原則5 組織は, 内部統制の目的を達成するに当たり, 内部統制に対する責任を個々人に持たせる。		【統制例】 • 職位や職種ごとの職責が規程・マニュアル等で定められ, 周知されている。 • 評価基準が明確になっており, それに基づいた評価・賞罰がなされている。 • 人事評価制度や目標管理制度が整備され, 機能している。

COSO17原則	ヒアリングで確認できた事例	その他に考えられる統制, 考察
原則6 組織は, 内部統制の目的に関連するリスクの識別と評価ができるように, 十分な明確さを備えた内部統制の目的を明示する。 **原則7** 組織は, 自らの目的の達成に関連する事業体全体にわたるリスクを識別し, 当該リスクの管理の仕方を決定するための基礎としてリスクを分析する。 **原則8** 組織は, 内部統制の目的の達成に対するリスクの評価において, 不正の可能性について検討する。 **原則9** 組織は, 内部統制システムに重大な影響を及ぼし得る変化を識別し, 評価する。		今回は明示的にリスク評価を子会社管理に関して行っている事例はなかった。しかし, 親会社社員の子会社への出向や, 子会社会議体への親会社役員・社員の参加が効果的に行われている会社においては, それによる子会社にかかるリスク評価と対応が行われているものと考えられる。 【統制例】 不正リスクを含む事業上のリスクを識別, 分析及び管理するリスク評価を実施する (研究報告第32号)。 • 中長期計画策定時に, 計画実行の上でのリスクについても検討を行っている。 • 重要ポストについては, 定期的なジョブローテーションの実施や, 後継者育成計画の作成を行っている。
原則10 組織は, 内部統制の目的に対するリスクを許容可能な水準まで低減するのに役立つ統制活動を選択し, 整備する。		【統制例】 • リスク評価において特定された重要なリスクに対して, 適切な統制活動 (ルールの明確化, 承認, 職務の分離など) を実施し, リスクの低減を行っている。 • 重要業務を外部委託しているため, 外部委託先管理規程を作成し, それに従った管理を行っている。
原則11 組織は, 内部統制の目的の達成を支援するテクノロジーに関する全般的統制活動を選択し, 整備する。		【統制例】 • 同一のITに係る全般統制によって管理されている集中ITシステムを構築する。 • 全ての子会社に共通するITシステム内の統制活動を構築する。(研究報告第32号)
原則12 組織は, 期待されていることを明確にした方針および方針を実行するための手続を通じて, 統制活動を展開する。	【規程について】 子会社規程は親会社規程を準用している。	親会社と同様の業種の子会社においては, 左記統制が非常に有効であると考えられる。一方で, 業種の異なる子会社においては, その業務の差異を反映することが実務上は必要と考えられる。 【統制例】 グループとしての財務報告の手続マニュアルなどの一貫した方針及び手続を構築する (研究報告第32号)。 • 関係会社管理ガイドラインの作成・拡充する。 • 就業規則・経理規程・決裁権限規程・業務関連マニュアル等を整備している。 • 作成した規程・マニュアルは, イントラネットに掲載され, 研修等を通じて従業員の理解度を確認している。

COSO17原則	ヒアリングで確認できた事例	その他に考えられる統制, 考察
原則13 組織は, 内部統制が機能することを支援する, 関連性のある質の高い情報を入手または作成して利用する。		子会社管理においては, 日常的モニタリングの対象となる子会社の定量情報・定性情報を明確に定義し, 正確な情報を効率的に継続して収集する仕組みを作ることが必要と考えられる。 【統制例】 • 各部門から経営層に対して報告が必要な情報 (例：商品別の粗利益・クレーム件数の推移・競業他社の情報・事故情報 等) が定義され, 定期的に報告がなされるようになっている。 • 緊急に報告すべき事項と連絡先が明確化され, 即座に報告が行われるように, 周知徹底されている。
原則14 組織は, 内部統制が機能することを支援するために必要な, 内部統制の目的と内部統制に対する責任を含む情報を組織内部に伝達する。	【コミュニケーション・会議体について】 A社：子会社管理としては, 事業管理責任者会議を開催している (月次, 2時間程度)。 子会社社長・本社本部長 (事業責任者)・代表取締役・常勤取締役・執行役員および常勤監査役が参加し, 各社の状況について報告・議論がなされている。 C社：本社と子会社が同じ建物内に所在しており, すぐにコミュニケーションがとれる状態になっている。 月に1度開催される経営協議会は, 本社の協議会後, 続けて子会社の協議会がなされるようになっている。	子会社の会議体に親会社役員が継続的に参加することにより, 親子会社間のコミュニケーションの活性化と親会社による状況把握につながっていた。情報と伝達のみならず, 統制環境・モニタリングにも影響を及ぼす効果的な施策と考える。 【統制例】 • 子会社の経営者と定期的に協議する。 • 従業員に指示を伝えるための, 規程・マニュアル・通達・会議体・組織体制を整備し, 周知されている。 • 緊急に報告すべき事項と連絡先が明確化され, 即座に報告が行われるように, 従業員周知徹底されている。 • 内部通報制度を整備し, 周知している。
原則15 組織は, 内部統制が機能することに影響を及ぼす事項に関して, 外部の関係者との間での情報伝達を行う。		【統制例】 • 自社の主要なステークホルダー (株主, 銀行, 当局, 得意先, 外部委託先, 供給業者等) を特定し, その関係性や重要度に応じた定期的なコミュニケーションを実施している。 • 問題発生時に緊急連絡すべきステークホルダーを特定し, 報告方法を定めている。

COSO17原則	ヒアリングで確認できた事例	その他に考えられる統制, 考察
原則16 組織は, 内部統制の構成要素が存在し, 機能していることを確かめるために, 日常的評価および／または独立的評価を選択し, 整備および運用する。	【独立的モニタリングについて】 A社：創意工夫としては, 子会社は親会社と同じシステムを使用しているため, 親会社でまとめて評価を行う等の工夫をしている。また, CLCについては, 子会社特有の項目に絞って評価を行っている。 B社：構築・維持および評価については, 直近まで, 外部の専門家 (会計士) に委託していた。 C社：何年か評価活動を繰り返すうちに, 各部従業員が自発的に内部統制の質を向上させていった。(毎月の伝票類の整理・管理の向上, タイムリーな承認申請等) ⇒当初内部統制の評価が集中する2月は残業が多かったが, 内部統制の質の向上により, 改善するようになっていった。 (内部統制の評価) 子会社については, 営業関連を経理課長が, 経理関連を企画業務部長が評価をする体制になっている。 子会社におけるサンプリングの負担が重いため, 経営者評価と監査人監査のサンプルを同時に抜く等して負荷を軽減する工夫を行っている。 D社：海外子会社は年1回 (コンプラ中心), 国内は年2回 (会計中心), 内部監査を実施している。	今回のヒアリング先においても, 小規模上場企業においては, 独立的モニタリングに必要なスキル・リソースが十分でないことが多く, J-SOX評価業務の効率化, 外部リソースの活用, 日常的モニタリングの活用・強化を組み合わせて対応していく必要が見られた。 【統制例】 ● 会計・IT・海外等の特有のスキルを必要とする分野において, 独立的モニタリングに外部リソースを活用する。 ● 子会社の事業状況と経営成績に対してモニタリングを実施する。その際, 定期的な報告により, 子会社の業績を予算と対比させてモニタリングを実施し, 必要な対策を講じることができるようにする。(研究報告第32号)
原則17 組織は, 適時に内部統制の不備を評価し, 必要に応じて, それを適時に上級経営者および取締役会を含む, 是正措置を講じる責任を負う者に対して伝達する。		【統制例】 ● 業務上の課題が発見された際, すぐに責任者に報告されている。 ● 重要な課題については, 共有され, 改善状況の進捗が確認されている。

出所：COSOフレームワークを参考に著者作成。

3 中小上場会社における内部統制の課題と工夫

1. 中小上場会社における内部統制の課題

（1）モニタリング部署のリソース不足

　中小上場会社においては，人的リソースの不足から，内部統制もしくは内部監査に関する専門部署・選任者が十分に配置されないケースが多く見られる。このため，内部統制評価の継続，発見された不備の改善や改善進捗の確認が難しい傾向にある。この傾向は子会社管理においてさらに顕著になり，独立的モニタリングが十分に行き届いてないことが多い。この課題に対応するためには統制環境や日常的モニタリングの重視，外部専門家の活用などが有効と考えられる。外部専門家の活用は，社内で確保しづらいスキルを有した人材を必要なタイミングで利用できるため，専門性の確保や固定費の変動化等のメリットがある。海外拠点の評価等の際に特に有効に活用できると考えられる。

（2）海外子会社の管理

　海外子会社は，距離的・言語的な障壁があり，本社からのコミュニケーションやモニタリングがより一層困難となる。また，現地で財務報告にかかる内部統制に関して十分な知識を持った担当者を確保することも容易ではない。筆者の経験からも，評価活動を完全に子会社任せにした結果，内部統制に大きな不備が残ってしまう，内部統制評価が遅れる，または評価が完了しない，文書化が意図した以上に膨大なものとなり毎年の評価に大きな工数がかかる等の課題を抱えるケースを少なからず見てきた。

　効果的に内部統制構築・評価を推進するためには，内部統制の構築から評価完了まで，緊密なコミュニケーションを通じて親会社が子会社をサポートすることが重要である。親会社から効果的な指示とモニタリングを定例ミーティングを通じて行い，特に，評価範囲・キーコントロールの選定・評価結

果については十分な確認を行うことが望ましい。

（3）評価範囲外の子会社の管理

　内部統制報告制度では，経営者が財務報告に対する金額的および質的影響の重要性を考慮し，合理的に評価範囲を決定するとされている。また，内部統制報告書を提出した後に，結果的に，評価範囲の外から開示すべき重要な不備が見つかったとしても，内部統制報告書に記載した評価結果を訂正する必要はないとされている（「内部統制報告制度に関するQ&A」問67）。そのため，財務諸表に重要な虚偽表示が発覚して有価証券報告書を訂正する場合には，訂正の原因となった重要な虚偽表示にかかる内部統制の不備が，当初の内部統制の評価範囲に含まれていたか否かを検討する必要があり，当初の内部統制の評価範囲に含まれていなかった場合には，当初の評価範囲が適切であったか否かの検討も必要となると思われる（「研究報告32号」）。

　「内部統制基準」の実施基準Ⅱ.2.(2)(注1) においては，「売上高で全体の95％に入らないような連結子会社は僅少なものとして，評価の対象からはずすといった取扱い」の例示があるが，その一方で「必要に応じて監査人と協議して行われるべきものであり，特定の比率を機械的に適用すべきものではない」とも記載されている。したがって，経営者は，グループ各社や各事業拠点の規模に囚われず，不適切な会計処理が発生する可能性を考慮した上で評価範囲を決定することが重要である（「研究報告32号」）。

　このため，評価範囲外の子会社についても，不適切な会計処理が発生する可能性を把握する必要があり，そのためには，その拠点の内部統制をある程度整備し運用する必要がある。そのアプローチについて次項「2.中小上場企業における子会社管理内部統制のアプローチ例」にて紹介する。

2. 中小上場会社における子会社管理内部統制のアプローチ例

　中小上場会社の子会社管理においては，限られたリソースの中で，いかに

効果的・効率的に内部統制を構築していくかが課題となる。特に評価範囲外の子会社においては，モニタリング部署だけでなく，執行側の部署の人員も十分でないことが想定される。その中で，継続的に内部統制の質を維持していくために以下のようなアプローチが考えられる。

①最低限必要なディフェンスの構築

　まず，不正に直結するカネ・モノに関する内部統制の構築を優先する。

　小規模子会社においては，人的リソースが限られている中で，複数業務が兼任されることが多く，結果として職務分掌が十分に行われないため，不正の機会が多い。不正リスクが高いと考えられる現金預金・在庫管理における最低限必要なディフェンスとしての内部統制（主として統制活動）を導入することが必要と考えられる。

②全社的な内部統制の構築

　あわせて全社的な内部統制を構築する。この際には，2013年に改訂されたCOSO17原則が有用であると考えられる。COSOフレームワークにおいては，内部統制の5つの構成要素および構成要素に関連づけられた基本的な概念を表す17の原則を提示しており，内部統制の構成要素および原則は，中小企業も含めたすべての事業体に適合しているとされている。

③その他ハイリスクエリアに関する内部統制の構築

　上述の2つの領域についての内部統制から先行して構築し，その後，リスク評価結果に基づいて，優先度の高い領域の内部統制を構築する。

　図表8-2は上記のアプローチを図にしたものである。

　このアプローチにより，人的リソースが不足しがちな中小上場会社の小規模拠点等において必要な内部統制を効率よく構築できると考える。

図表8-2　中小上場会社における内部統制構築・評価の効果的アプローチ

全体像イメージ

②COSO17原則に対応した会社全体としての内部統制の構築

薄く広く会社全体の統制状況を確認するイメージ
➡COSO17原則についてチェックリスト等を活用し，現状を確認・評価

統制環境

リスク評価

統制活動

情報と伝達

モニタリング

不正リスクが高いエリア

カネ・モノの管理等の

業法対応・品質・安全

…

情報セキュリティ

個人情報保護

反社会勢力対応

…

リスクが高いことが明確であるエリアについて先行して対応

①カネ・モノ・法対応等，最低限必須のディフェンス（ハイリスクエリア）としての内部統制の構築

③会社全体のリスク評価を実施し，ハイリスク分野を特定し，個別に内部統制を構築する

リスク評価を通じて，リスクの高い業務を特定
費用対効果やリソースの状況を鑑みながら，対応する範囲を徐々に広げていく

➡詳細なリスクシナリオを分析して，対応するコントロールの状況を整理する
=リスクコントロールマトリクスの作成

➡費用対応効果を考え，まずはCOSO17原則ベースで現状を確認。その後必要に応じて，リスクコントロールマトリクスの作成

出所：上木［2018］p.94の図1を一部修正

（1）最低限必要なディフェンス構築
（不正に直結するカネ・モノに関する内部統制の構築）

　まず，①不正に直結するカネ・モノに関する内部統制の構築について，中小上場会社の子会社実務においては，支払や現預金管理を1人の担当者のみが実施しているケースが多く，上長によるモニタリングが十分になされていないケースが見られる。

　現預金，棚卸資産等に対する最低限必要な内部統制については，横領・水増発注・虚偽報告等のリスクを想定し，対応する統制活動（職務分離・アクセス制限・上長によるモニタリング等）を優先的に導入する。

（2）COSO17原則を活用した全社的内部統制の構築・評価

　COSO17原則に対する自社の統制の現状を洗い出し評価を行う。この際，評価は，着眼点（Point of Focus）単位ではなく，原則単位での評価を実施する。これは，評価業務を継続的に運用していく上で，評価項目をある程度統合し業務負担を軽くすること，および，チェックリスト的な評価を排することが狙いである。また，この際，「内部統制基準」の実施基準の例示の42項目を使用することも考えられる。当該アプローチでこの42項目ではなく，COSO17原則を使用した理由としては，「42項目に比べ数が少なく継続運用の負荷が少ない」「多くの言語に訳されており，多くの国の監査人・内部監査人に馴染みがあり，海外子会社に展開しやすい」「将来的に財務報告以外の目的の内部統制にも展開しやすい」ことを考慮したことによる。

　COSO17原則それぞれに対し，原則および関連する着眼点の内容を評価しやすいように簡易な質問文として整理する。そしてまずは全社的な内部統制についての構築評価を実施する（**図表 8-3** 参照）。

（3）COSO17原則を活用した重要リスクに対する内部統制の構築・評価

　その後，リスク評価結果に基づき，自社として優先的に取り組むべき事象に対する内部統制を，COSO17原則に基づき構築・評価する。

（4）当該取り組みにより得られる効果

　上記のアプローチをとることにより，子会社にとって必要な内部統制を効率よく構築できるだけでなく，下記2点の効果が期待できる。

　まず，COSO17原則を繰り返し使用することで，会社担当者の間で，目標達成のための共通言語として使用され，定着していく。これにより社内における内部統制の浸透・理解向上につながると考えられる。中小上場会社の子会社は規模が小さいことが多く，独自に内部統制研修等を行うことは難しいことが多い。このため，業務を通じた内部統制の浸透は有効と考えられる。

　さらに，また，社内の多くの分野でCOSO17原則に基づいて内部統制を

図表8-3　中小上場会社向け全社的な内部統制チェックリスト事例

		チェック事項	全社的な内部統制事例
統制環境	原則1	• 経営者が誠実性と倫理観を率先して示していますか？ • 経営者は経営理念・行動基準等を明示し，組織員（外部委託先含む）に浸透させていますか？ • 従業員の行動基準の遵守状況を評価し，違反を認識・改善していますか？	• 創業時以来の企業理念があり，従業員全員が企業理念（または社是・社訓）を知っている。 • 倫理から外れた行為によって利益を得ることは認めないというメッセージが周知され，経営者自ら実践している。 • 今後の経営戦略が作成されており，企業理念を実現していくための内容となっている。
	原則2	• 独立性と専門性を持った取締役会（もしくは，監査役・顧問・アドバイザー等）が監督責任を明確にし，適切な監督を実施していますか？	• 取締役と監査役の役割が規程により明示されている。 • 取締役が相互に監視・監督しており，必要に応じて他の取締役の決定や行動を是正することを促している。
	原則3	• 組織構造と報告経路を明確かつ適切に定めていますか？ • また，それに合わせて責任を明示し，権限委譲を行っていますか？	• 各部署の職責が明らかにされており，必要な権限が与えられている。 • 営業部門と管理部門とのバランスがとられており，営業部門は管理部門の方針を理解して行動し，管理部門は現場の声を収集し，方針の決定に役立てている。
	原則4	• 組織目的達成のために必要な人材像と現状とのギャップを評価していますか？それを踏まえて，必要な人材の採用・育成・維持を行っていますか？ • キーマンの後継者計画は策定されていますか？	• 教育研修を重要と考え，年間のスケジュールを策定し，計画的に教育研修を実施している。 • 採用基準がはっきりしており，人手不足だからと言って基準を下回る人材を採用するようなことがない。
	原則5	• 個々の従業員の目標・業績評価尺度を設定し，その達成状況を評価し，賞罰を行っていますか？ その際，過度なプレッシャーとなっていないか検討していますか？	• 職位や職種ごとの職責が規程・マニュアル等で定められ，周知されている。 • 評価基準が明確になっており，それに基づいた評価・賞罰がなされている。

出所：COSOフレームワークを参考に著者作成。

整理することにより，異なる分野において共通的な統合効果が発生する。統合効果が発生すれば，金商法や会社法等の各種要請間の重複を避けることにつながり，効率的な子会社管理に資することになる。

図表 8-3 は，COSO17 原則および着眼点をもとに，中小上場会社の実態（簡素な組織構造等）を考慮し，できるだけわかりやすい文言でチェック事項を作成している。

また，チェック事項の右側に，全社的な内部統制事例を掲載している。

3. 中小上場会社における内部統制の工夫

中小上場会社における特性として，組織構造が簡素なため，広範囲にわたって上級経営者による統制の目が行き届くという点や，構成員間の直接的な相互交流が高まりやすいという点が挙げられる（COSO フレームワーク）。

このため，経営者によるモニタリング・コミュニケーションの重要度が増すと考えられるため，経営者が内部統制の重要性を十分に理解し，それに沿った行動を実践することが必要と考えられる。

また，前項の課題で挙げたとおり，中小上場会社においては，子会社に対する独立的モニタリングがリソースの不足により十分に行えないケースがある。特に海外子会社においては，距離的な制約や言語の制約により，より一層困難となることが想定される。

このような状況においては，その他の統制を強化する必要がある。今回のヒアリング事例からも統制環境・情報と伝達・日常的モニタリングが重要になると考えられる。特に原則 1「組織は，誠実性と倫理観に対するコミットメントを表明する」，原則 14「組織は，内部統制が機能することを支援するために必要な，内部統制の目的と内部統制に対する責任を含む情報を組織内部に伝達する」，原則 16 の日常的モニタリング部分「組織は，内部統制の構成要素が存在し，機能していることを確かめるために，日常的評価および／または独立的評価を選択し，整備および運用する」については重要であると

　考えられる。これらの原則については，着眼点（Point of Focus）も参考にしながら内部統制を構築することが有用である。

　これらの内部統制を構築する際，前述の中小上場会社の特性を考慮すると必ずしも公式な仕組みや会議に依存をしなくても，経営者によるモニタリングの強化や，非公式なコミュニケーションを高めることで有効な内部統制を構築することができる。

　各子会社において大企業の規程やマニュアル等を参考に詳細に作り込むといった統制活動に膨大なコストをかけるよりも，実効的な情報と伝達，および日常的モニタリングの実施が継続可能な内部統制構築に資すると考えられる。また，情報と伝達とモニタリングを効率的かつ確実に行うために，顧客情報・ベンダー情報・社内情報等のデータベース化や社内SNSなどのITツールの活用も有用である。

　中小上場会社の子会社管理においては，執行側部門においてもモニタリング部署においてもリソースは十分でないことが想定される。この点において，大規模企業よりも管理が難しいと考えられる。しかし，一方，組織が簡素であり，上級経営者による統制の目が行き届くという点や，構成員間の直接的な相互交流が高まりやすいというメリットがある。

　このメリットを活かすように，「経営者の姿勢」「情報と伝達」「親会社からのモニタリング」を重視し，かつ並行して，形にこだわらない柔軟な取り組みや各種内部統制の統合を行っていくことにより，効率的で効果的な内部統制の構築・評価に進んでいけるものと考える。

［参考文献］
COSO［2013］*Internal Control -Integrated Framework*．（八田進二・箱田順哉
　　監訳［2014］『内部統制の統合的フレームワーク』日本公認会計士協会出版局）
金融庁［2011］「財務報告に係る内部統制の評価及び監査の基準並びに財務報告に係
　　る内部統制の評価及び監査に関する実施基準の改訂について（意見書）」3月30

日.

上木恒宏［2018］「中堅中小企業における内部統制—最低限のディフェンスの構築と
　　COSO を活用した全社的枠組みへの展開—」『内部統制』（日本内部統制研究学
　　会），No.10，pp.93-98.

日本公認会計士協会［2018］監査・保証実務委員会研究報告第 32 号「内部統制報告
　　制度の運用の実効性の確保について」4 月 6 日.

参 考 ｜ COSOフレームワークの17原則

COSO フレームワークは，内部統制の5つの構成要素および構成要素に関連づけられた基本的な概念を表す17原則を提示している。内部統制の構成要素および原則は，すべての事業体に適合している。17原則のすべては，各目的カテゴリーだけでなく，そのカテゴリーにおける目的とサブ目的に適用される。

事業体の規模の大小に関係なく，すべての事業体において，17原則すべてが存在し，機能していることが有効な内部統制の要件とされている。

【統制環境】

1. 組織は，誠実性と倫理観に対するコミットメントを表明する。
2. 取締役会は，経営者から独立していることを表明し，かつ，内部統制の整備および運用状況について監督を行う。
3. 経営者は，取締役会の監督の下，内部統制の目的を達成するに当たり，組織構造，報告経路および適切な権限と責任を確立する。
4. 組織は，内部統制の目的にあわせて，有能な個人を惹きつけ，育成し，かつ，維持することに対するコミットメントを表明する。
5. 組織は，内部統制の目的を達成するに当たり，内部統制に対する責任を個々人に持たせる。

【リスク評価】

6. 組織は，内部統制の目的に関連するリスクの識別と評価ができるように，十分な明確さを備えた内部統制の目的を明示する。
7. 組織は，自らの目的の達成に関連する事業体全体にわたるリスクを識別し，当該リスクの管理の仕方を決定するための基礎としてリスクを分析する。

8.　組織は，内部統制の目的の達成に対するリスクの評価において，不正の可能性について検討する。

9.　組織は，内部統制システムに重大な影響を及ぼし得る変化を識別し，評価する。

【統制活動】

10.　組織は，内部統制の目的に対するリスクを許容可能な水準まで低減するのに役立つ統制活動を選択し，整備する。

11.　組織は，内部統制の目的の達成を支援するテクノロジーに関する全般的統制活動を選択し，整備する。

12.　組織は，期待されていることを明確にした方針および方針を実行するための手続を通じて，統制活動を展開する。

【情報と伝達】

13.　組織は，内部統制が機能することを支援する，関連性のある質の高い情報を入手または作成して利用する。

14.　組織は，内部統制が機能することを支援するために必要な，内部統制の目的と内部統制に対する責任を含む情報を組織内部に伝達する。

15.　組織は，内部統制が機能することに影響を及ぼす事項に関して，外部の関係者との間での情報伝達を行う。

【モニタリング】

16.　組織は，内部統制の構成要素が存在し，機能していることを確かめるために，日常的評価および／または独立的評価を選択し，整備および運用する。

17.　組織は，適時に内部統制の不備を評価し，必要に応じて，それを適時に上級経営者および取締役会を含む，是正措置を講じる責任を負う者に対して伝達する。

中小上場会社における
ITへの対応の課題と工夫

本章のPOINT

▷ IT業務処理統制を有効とするためのIT全般統制の作業負荷が，必要以上に大きく
　ならないように絞り込むことが重要である。

▷ 決算財務プロセスはパッケージ利用が多いと考えられるので，利用しているパッ
　ケージ評価と適用内容は最低限評価する。

▷ IT全社統制の重要性は，コーポレートガバナンス・コードに追加することによっ
　て，経営者に周知することが可能となる。

第9章

1 法令および法令に準ずるものにおける ITへの対応と課題

　内部統制におけるITへの対応を論ずる前提として，法令および法令に準ずるものにおける位置づけを整理する。近年非常に重要視されるITへの対応については日進月歩の領域であることもあり，法令において定義されていない。現状，ITへの対応について法令に準ずるものとして位置づけられる主なものは以下のとおりであり，記載内容について概観する。

- 「財務報告に係る内部統制の評価及び監査の基準並びに財務報告に係る内部統制の評価及び監査に関する実施基準の改訂について（意見書）（令和元年12月6日版）」（以下，「内部統制基準」という）
- 「内部統制報告制度に関するQ&A（平成23年3月31日版）」（以下，「Q&A」という）
- 日本公認会計士協会・監査・保証実務委員会研究報告第32号「内部統制報告制度の運用の実効性の確保について（平成30年4月6日版）」（以下，「研究報告32号」という）
- 「システム管理基準　追補版（財務報告に係るIT統制ガイダンス）（平成16年10月8日版）」（以下，「追補版」という）

　「追補版」はIT統制に関する概念，経営者評価，導入ガイダンス等を「システム管理基準」等と対応させて，参考情報として提供するものであり，平成19年3月30日に経済産業省より公表されたものである。「システム管理基準」は，IT関連にかかる担当者にとって基礎知識として認知されていたと筆者は考えているが，「追補版」はより具体的な対応を例示がなされており実務上は有用と感じている。

　「内部統制基準」では具体的な記載が不十分である。これを補足するために作成されたのが「追補版」である。「システム管理基準」が国家試験である情報処理技術者試験の教材であることもあり，内容を知っているIT技術

者が対応の中心となりがちである。記載された例を実現すると投資も含めた対応負荷が大きくなるため，実際にはITを利用していながら人的確認による統制だけという対応になっている場合もある。

　対応例に基づき，それぞれの企業にとっての重要性や企業の実態に合った内部統制を構築することができる「追補版」は，良い教科書である。ITへの対応に対する統制を整備，評価する企業の要員には，「追補版」のⅡ章，Ⅲ章の一読をお勧めする。システム管理スキルは低くても，内部統制に対する情熱と粘り強い対応があれば，下記の前書きに記載された「追補版」の目指すものが実現する。

> 　本追補版は，……IT統制に関する概念，経営者評価，導入ガイダンス等を提供しようとするものである。

　なお，**図表9-1**に「内部統制基準」と「追補版」に記載された統制例数と筆者のコメントを記載する。「追補版」は，IT技術者向けである「システム管理基準」を前提とした「内部統制基準」への適用例として作成されている

図表9-1　「内部統制基準」，「追補版」の統制例数

	「内部統制基準」	「追補版」	筆者のコメント
IT全社統制	4	9	企業グループのガバナンスであり，組織上の位置づけからも内部監査部門が評価する項目ではない。
IT全般統制	大項目 4 個別　 8	75	内容がITの専門用語の部分が多く，理解するためにはITに関する知見（具備すべき知識や経験）が必要である。一方，評価にはIT全社統制およびITが扱う情報，業務へのリスク評価の知見が必要とされ，両立は困難である。
IT業務処理統制	大項目 4 個別　 4	22	「内部統制基準」，「追補版」に加えて，「研究報告32号」の4 (3)「ITを利用した内部統制の評価における留意事項」が参考となる。

（実際のITへの対応ポイントをまとめた「追補版」の統制数からの私的評価）
出所：「内部統制基準」「追補版」を基に筆者作成。

こともあり，統制例数の比較からもわかるように詳細な記載となっている。特に「IT全般統制」の統制については単なるIT統制の事例としてではなく，必要項目として認識されていることが多いと筆者は感じている。とりわけ「追補版」を教科書と考え，記載されているIT全般統制は当然と考えているIT技術者が存在している。経営者にITに関する理解が不足しシステム担当者に対応を一任した結果，企業の状況とは関係なくすべて対応しようとしてしまうことがある。その結果，ITへの対応の負担が重いという企業からの指摘の一因となっている。

図表9-1で記載した項目ごとに，法令に準ずるものにおける記載について，以下で概観する。

1. IT全社統制（ガバナンス）

IT全社統制とは，「内部統制基準」における「全社的な内部統制」の中でITにかかるものを指す。現在の企業経営がITを利用せずに実施することが困難である以上，すべての企業においてITへの対応は不可欠の要素であるといえる。そのITへの企業としての対応方針は，以下のとおりである（下線は筆者）。

I．2．(6)　ITへの対応

ITへの対応とは，組織目標を達成するために予め<u>適切な方針及び手続</u>を定め，……。

ITへの対応は，……，組織の業務内容がITに大きく依存している場合や組織の情報システムがITを高度に取り入れている場合等には，<u>内部統制の目的を達成するために不可欠の要素として</u>，内部統制の有効性に係る判断の規準となる。（後略）

①IT環境への対応

IT環境とは，組織が活動する上で必然的に関わる内外のITの利用状

況のことであり，……。（p.9）

　（前略）個々の組織を取り巻く IT 環境の具体例として，組織が考慮し
なければならない項目には以下のものが挙げられる。
　ホ．IT に係る外部委託の状況（p.42）

②IT の利用及び統制
　イ．統制環境の有効性を確保するための IT の利用
　……
（ア）経営者の IT に対する関心，考え方
　（中略）電子メールといったITを利用することは，経営者の意向，組
織の基本的方針や決定事項等を組織の適切な者に適時に伝達することを
可能にし，統制環境の整備及び運用を支援することになる。（p.43）

　「IT 全社統制」はすべての IT への対応の基礎となる。企業の経営層の参
画が不可欠な部分であるが，企業の経営層の IT への認識を，IT 技術者が向
上させることは困難である。その意味で，最も対応および評価が困難な部分
であるとも言える。経営者の IT に対する意識は高いことが望ましいが，中
小上場会社では軽視していることも一定割合あるのではないかと考えてい
る。
　そこで，経営者の意識を最も重要な IT 全社統制に向けさせるきっかけと
して，「コーポレートガバナンス・コード」に以下の修正をすることを提言
する。上場企業は，コーポレートガバナンス・コードの対応状況について
「コーポレートガバナンス報告書」で開示する義務がある。ここに IT 全社統
制に関する項目を追加することにより，上場企業に限られるが，企業経営者
が IT 全社統制への認識を高めるきっかけとなり得る。筆者が提言する記載
例を**図表 9-2**にまとめる。

図表9-2　コーポレートガバナンス・コードへの提言

原則	提言内容
原則2-3	【社会・環境問題をはじめとするサステナビリティーを巡る課題】 上場会社は，**ITを含む**社会・環境問題をはじめとするサステナビリティー（持続可能性）を巡る課題について，適切な対応を行うべきである。
補充原則 4-3②	コンプライアンスや**ITを含む**財務報告に係る内部統制や先を見越したリスク管理体制の整備は，適切なリスクテイクの裏付けとなり得るものであるが，取締役会は，これらの体制の適切な構築や，その運用が有効に行われているか否かの監督に重点を置くべきであり，個別の業務執行に係るコンプライアンスの審査に終始すべきではない。

（筆者の考える「コーポレートガバナンス・コード」に対するIT全社統制の組込み）
出所：東京証券取引所 [2018] pp.9, 16を基に筆者作成。

2. IT全般統制（システム管理業務）

　IT 全般統制についての説明は「内部統制基準」では以下のとおりだが，経営者を含む IT 技術者以外にとっては理解が容易な用語ではない。J-SOX 対応当時，筆者が経営者に IT 全般統制について説明するときにも，内容以前に用語として拒否反応が起こっていた。経営者からは「理解できる用語にして欲しい。」との指示があり，そのために一般に理解できる用語として，「システム管理業務およびシステム部門の業務処理統制」に言い換えて説明し了解を得ることができた。実際には正しくない用語を使用することでも，IT 技術者以外にも理解されることは IT に係る全般統制を定着させる上で重要である。

　このように，IT 特有の用語を社内で理解しやすい用語に置き換えることで，経営者および企業内で IT 全般統制の理解を深めることは，内部統制の IT への対応の有効性向上に大きく寄与すると考える。

　Ⅰ．2．(6) ⑥　ロ．IT の統制の構築
　（前略）IT に関する統制活動は，……，全般統制と業務処理統制の二つからなり，完全かつ正確な情報の処理を確保するためには，両者が一

体となって機能することが重要となる。

a．IT に係る全般統制

　IT に係る全般統制とは，業務処理統制が有効に機能する環境を保証するための統制活動を意味しており……。（中略）

　IT を利用した情報システムにおいては，……全般統制が有効に機能しない場合には，適切な内部統制（業務処理統制）を組み込んだとしても，その有効性が保証されなくなる可能性がある。（後略）（p.46）

3. IT業務処理統制（業務に組み込まれたIT）

IT 業務処理統制については，「内部統制基準」で以下のとおり定義されている（下線は筆者）。

　Ⅰ．2．(6) ⑥　ロ．IT の統制の構築

b．IT に係る業務処理統制

　IT に係る業務処理統制とは，……承認された業務がすべて正確に処理，記録されることを確保するために業務プロセスに組み込まれたIT に係る内部統制である。（中略）

　これらの業務処理統制は，……システムに組み込むことにより，より効率的かつ正確な処理が可能となる。（p.47）

　Ⅲ．4．(2) ②　ハ．IT に係る業務処理統制の評価の検討

　監査人は，例えば，以下の手続に従ってIT に係る業務処理統制の整備及び運用状況の評価の検討を行う。

a．監査人は，システム設計書等を閲覧することにより，企業の意図した会計処理が行われるシステムが作成されていることを確認する。（p.106）

　「内部統制基準」では以上のように，IT業務処理統制の目的を「正確に処理，記録されることを確保」することとしている。企業は手作業で実施していた業務をIT化してきた。手作業の内容が正しく処理，記録されることにより，ITによる自動化が効率化に寄与する。IT処理の結果を常に修正しないと次のプロセス（後処理）で利用できないのであれば，効率化の有効性は小さくなる。たとえば，システム設計書等の閲覧により，IT化の意図と範囲および処理概要が正しく設計され，実際のシステムに反映していることを確認することが，実務における業務内容理解の第一歩といえる。

　ただし，実際の適用では業務に必要な管理レベルの認識が不可欠である。対象業務によっては「便りがないのが良い便り」的な管理であっても，投資と業務の重要性から適切と判断できる場合もある。IT業務処理統制では，評価作業に一定割合を占めることが多いため，過年度の評価の利用による評価自体の削減や，自動化された統制で25件必要となるサンプルが1件で対応可能となることによるサンプル件数の削減などで，財務報告に係る内部統制評価における大きな工数削減が見込める。そのためにも「業務プロセスに係る統制」と一体化した統制整備と評価が望ましい。

　一方，ITにかかる業務処理統制の評価の検討において，システム設計書等の閲覧が会計監査人の手段として記載されており，企業で内部統制評価を実施するにも記載内容を理解し評価できる程度のITスキルが要求される。ITスキルは内部監査人に対しての要求ではなく，企業全体として要求されていることに留意する。

　IT業務処理統制に関しては「研究報告32号」の「ITを利用した内部統制の評価における留意点」に注意する。ITに関する知見を要求しない以下の下線部分は特に留意する。実際にシステムはほとんどの場合正しく動作するが，常に正しく動くものではない。たとえば，新たに追加された業務への対応が不十分な場合，当初予定していた処理件数から大幅に増加した場合等には正しく動作しないことが考えられる。特に，エラーデータがエラーリストに表示されない等の作業者が認知できない事象には注意が必要となる。ま

た，IT 処理を外部に委託する場合には，直接作業を確認することはできないが，内部統制を評価することにより間接的に業務を評価することができる。

（IT を利用した内部統制の評価における留意点）

- ……システムは正しく動くものであり，手作業より正確性が高いという先入観を持っていると，システムの処理誤りを発見できない……。
- 業界別の共同センター，クラウドや ASP（アプリケーション・サービス・プロバイダ）……運営する受託企業の内部統制についても検討する。

（下線は筆者）

---

4. 経営者や社内で理解を得るための体制づくり

「内部統制基準」でIT への対応が記載されたことにより，これまで軽視されてきた企業のシステムへの対応の重要性に光が当たった。一方で，新たにIT への対応を実施する過程で，それまで内部統制に対応してきた経理，総務等の企業の要員には理解できない IT の専門性が必要以上に特別視されている。また，IT への対応を通常の内部統制とは異なる特殊な領域と認識されていることが多い。内部統制の責任者が内部統制の基本的な概念とは別にIT 技術者に丸投げの対応を行ってきたことに問題がある。その結果，IT 全社統制と IT 全般統制では，コーポレートガバナンスと内部統制と自社の置かれた状況をバランスよく評価し，経営者に説明できる体制が整備されないままとなっている。経営者への説明を容易にする一例として，IT の利用と内部統制との関係を社内で説明するために，筆者が実施した内容をまとめたものが**図表 9-3** である。

図表9-3　内部統制とITの利用との関係

内部統制	ITの利用		
全社的な統制	IT全社統制		
決算財務 プロセス	IT業務処理統制		IT全般統制 システム管理にかかる統制
業務プロセスに かかる統制	IT業務処理統制	IT全般統制 システム部門の業務 プロセスにかかる統制	IT全般統制 システム管理に かかる統制

（筆者の考える「内部統制」とITの利用の再整理）
出所：筆者作成。

　図表中の「システム管理にかかる統制」とは情報システムの企画・開発・
運用・保守にいたるサイクルの中での管理・統制を指し，セキュリティも含
まれる。「システム部門の業務プロセスにかかる統制」とはシステム部門が
実施する例外処理の決裁とエビデンス保管等を指す。

2 ｜ 小規模内部監査部門を持つ企業におけるITへの対応

　一般に小規模内部監査部門を持つ企業では，ITへの対応について以下の
課題が発生すると考える。

- 内部監査部門として本章の1で述べたITへの対応を実施できる体制が
  ない。
- システム部門がITにかかる全社統制（IT全社統制）を理解できる体制
  になっていない。
- ITにかかる全社統制への経営者の参画意識が低い。

　以上の課題を解決するには，最低限の対応を目指すことが現実的である。
そのためには，内部統制によるITへの対応の基本に戻ることが重要である。
まずIT全社統制については必須とし，IT全般統制は業務処理統制の範囲に

図表9-4　ITへの利用に関する解決方針例（私見）

内部統制	ITの利用		
全社的な内部統制	IT全社統制は必須として評価する。		
決算財務プロセス	IT業務処理統制：軽減される	システム管理に係る統制：パッケージを利用していることが多いのでパッケージ評価のみ	
業務プロセスにかかる統制：J-SOX対象業務のみが対象	IT業務処理統制：軽減される	IT業務プロセスにかかる統制：開発は検収確認，運用時はデータの直接修正等は必須	システム管理にかかる統制：マスタ登録，例外処理のセキュリティ等は必須

(ITへの対応の解決方針例)
出所：筆者作成。

絞り込んで検討する。統制としての有効性を評価すると，「IT全社統制＞IT全般統制＞IT業務処理統制」の順となる。一方，対応負荷は「IT全社統制＜IT業務処理統制＜IT全般統制」となっている場合が多い。ITへの対応が企業の業務サポートであることから考えても，作業負荷を「IT全般統制＜IT業務処理統制」とすることが望ましい。

　一例として，筆者の考える最低限の解決方針例を具体的に示したものが**図表9-4**である。

1. IT全社統制

　IT全社統制はITへの対応全体の基礎となるが，実際の有効性については難易度が高い。まず，IT全社統制を理解している経営者が非常に少ない。ITへの対応が重要だと判断している経営者は多いが，IT全社統制としてITガバナンスを自ら評価し，組み込むことを課題とする経営者は多くはない。さらに，小規模内部監査部門を持つ企業では，経営者の指示があってもIT全社統制を有効に構築，維持できる要員がほとんどいないのが現状である。これを前提とすると，IT全社統制は必須であるので，形式的な評価にならざるを得ない。最初は形式的なIT全社統制であったとしても，実施するこ

とが第一歩となるので，できるだけ企業内で理解できる平易な用語で設定する。経営者がIT全社統制の重要性を認識すれば，現状では形式的でも，次第に有効性が向上していく可能性が高い。結論として，IT全社統制の重要性を理解している経営者が，有効なITへの対応に対して最大限に寄与する。

2. IT全般統制

　小規模内部監査部門にとって，IT関連の知見を要求するIT全般統制への対応は困難である。この知見を補完するのが，パッケージ・ソフトウェアおよびクラウドの利用と，システム部門における自己評価である。

　パッケージ・ソフトウェアおよびクラウドの利用については「Q&A」に記載があり，積極的に利用したい。**図表9-4**でも記載したとおり，決算財務プロセスは比較的定型化された業務であり，パッケージ・ソフトウェアをそのまま利用することが多いと考えられる。この場合のIT全般統制としては，提供企業，ソフトウェア評価程度で十分であると考える。なお，共同センター，クラウド，ASPについても同様である。

（問39）【中小規模企業におけるIT環境】
　事業規模が小規模で，比較的簡素な組織構造を有している組織等の場合には，……内部統制の評価及び監査にあたりどのような対応をとることが考えられるか。

（答）
2.（1）例えば，販売されているパッケージ・ソフトウエアをそのまま利用するような比較的簡易なシステムを有している場合には，個々のITに係る業務処理統制よりも，ITに係る全般統制に重点を置く必要がある（実施基準Ⅲ．4．（2）②ロ）。(p.22)

（下線は筆者）

---

3. IT業務処理統制

業務プロセスにかかる統制をIT業務処理統制に置き換えることにより，サンプル件数の削減が，また過年度評価の利用により，大幅な内部統制評価工数の削減ができる。小規模内部監査部門を持つ企業にとって最大の課題である工数不足への対応となる。このためにはIT全般統制が前提となるが，小規模内部監査部門を持つ企業内で必要な知見をそろえるのは困難である。一方，システム部門にすべてのIT全般統制への対応を依頼すると，全業務システムへの対応を実施する可能性が高い。これは前提となっている「システム管理基準」がシステム関連の国家試験に関連していることに起因する。

図表9-4にも記載したが，内部統制の業務範囲に絞り込んだ対応として，システム部門に自己評価を依頼することで有効性と効率性のバランスをとることが望ましい。2018年版の「システム管理基準」でも自己評価（自己診断）の重要性は記載されており，これを内部統制に組み込むことを積極的に検討すべきである。

3 IT全社統制・IT全般統制・IT業務処理統制における留意点

現在の上場企業では，ITなしの業務運用は成り立たない。その状況を反映して「内部統制基準」でもITに関して多くの記載があり，さらに詳細な「追補版」が作成されている。ITへの投資を躊躇せずにタイムリーに実施することが企業の競争力の基盤となる。ITへの対応に関する内部統制なしに企業の成長，存続は担保できない。今後は，ITに関連する知見がなくても一定の対応が可能となる，リスクマップ等の対応指針について検討していきたい。

最後に，内部統制における「ITへの対応」への対応について，「追補版」にある「他の5つの基本的要素と一体となって評価する」ということに留意す

図表9-5　実施基準の内部統制とITとの関係

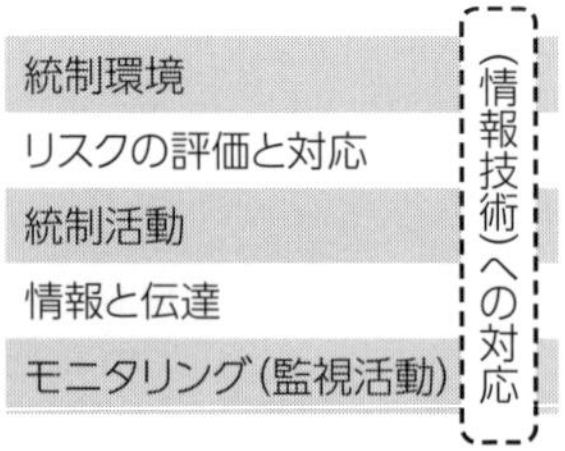

統制環境
リスクの評価と対応
統制活動
情報と伝達
モニタリング（監視活動）

（情報技術）への対応

出所：「追補版」第Ⅱ章, pp.2-3。

る。これについては「追補版」の図表Ⅱ. 1-2（**図表 9-5**）がわかりやすい。

　以上のとおり，現状ではIT に関する一定の知見を持つことが困難な小規模内部監査部門でも，工夫により IT への一定の対応が可能である。IOT をはじめとした企業競争力向上に寄与する IT の進歩を前提として，小規模内部監査部門が，企業において一定の有効性を担保できる，IT にかかる内部統制の対応指針を当局が制定することを希望する。

【参考文献】

金融庁［2011］「内部統制報告制度に関する Q&A」3 月 31 日.

金融庁［2019］「財務報告に係る内部統制の評価及び監査の基準並びに財務報告に係る内部統制の評価及び監査に関する実施基準の改訂について（意見書）」12 月 6 日.

東京証券取引所［2018］「コーポレートガバナンス・コード〜会社の持続的な成長と中長期的な企業価値の向上のために〜」6 月 1 日.

経済産業省［2007］「システム管理基準　追補版（財務報告に係る IT 統制ガイダンス）」3 月 30 日.

公認会計士協会［2018］監査・保証実務委員会研究報告第 32 号「内部統制報告制度の運用の実効性の確保について」4 月 6 日.

付　録
ヒアリング結果

I. ヒアリング実施企業の基本情報

会社	上場区分	業種	機関設計	監査法人の規模	内部監査の規模	会社の規模	
						連結売上高	連結従業員数
A社	東1	サービス業	監査役会	大手	2名	500億円以上	1,000人以上
B社	東1	製造業	監査等委員会	準大手	2名	300億円未満	300人未満
C社	JD	サービス業	監査役会	大手	2名	300億円未満	300人未満
D社	東2	サービス業	監査役会	中小	兼務分業	50億円未満	100人未満
E社	東1	サービス業	監査役会	大手	兼務分業	500億円未満	1,000人未満
F社	東M	建設業	監査等委員会	準大手	1名	100億円未満	100人未満
G社	東M	サービス業	監査役	準大手	兼務1名	50億円未満	300人未満
H社	JD	製造業	監査役会	大手	1名	100億円未満	300人未満

(注) 上場区分
東1：東証一部, 東2：東証二部, 東M：東証マザーズ, JD：ジャスダック

会社	ヒアリング応対者			対象事業拠点数		業務処理統制の対象勘定科目
	役員	部門長	担当者	全社統制	業務処理統制	
A社	○	○	○	親・子1	親1	売上・仕入・棚卸資産
B社	○	○		親	親2	売上・売掛金・棚卸資産
C社		○		親・子3	親	売上・売掛金・棚卸資産
D社	○	○	○	親・子1	親1・子1	売上・売掛金・棚卸資産
E社		○		親・子10・持1	親1	売上・売掛金・棚卸資産
F社	○	○	○	親	親2	売上・売掛金・棚卸資産
G社		○		親・子3	親1・子1	売上・売掛金・棚卸資産
H社	○			親・子1・持1	親1	売上・売掛金・棚卸資産

(注) 1. 金融商品取引法の内部統制報告制度：資料内ではJ-SOXとする。
2. ITに係る全社的な統制：資料内ではITCLCとする。
3. ITに係る全般的な統制：資料内ではITGCとする。
4. ITに係る業務処理統制：資料内ではITACとする。

Ⅱ. ヒアリング結果の分析概要

　Ⅲにおいて，ヒアリングを実施した8社について，個別のヒアリングの結果を記載する。

　詳細は「個別ヒアリング結果」を参照いただきたいが，全体的な分析として述べておく。

1. ヒアリング実施企業の基本情報

　今回の研究において，中小上場会社を専任の内部監査人が2名以下の上場会社と定義している。これは中小上場会社において全社的な内部統制が重要であり，その中での内部監査人の役割を意識すると，専任の内部監査人が2名以下の企業では組織的な内部監査が実施することが難しいと考えたからである。

　一般的な感覚では，中小上場会社は売上高や従業員の人数は小規模・少人数であるというイメージではないかと思われる。しかしながら，ヒアリング対象企業の選定時に，企業規模からは中小規模と捉えられるが，内部監査人が3名以上のケースを一定の割合で確認することができた。有価証券報告書などの公表資料から，内部監査人の人数および専任であるかどうかは確認できないケースが多くあり，統計的な情報として提示することは残念ながらできない。しかしながら，不正会計事件の発生や最近の監査等委員会設置会社における割合の増加を考えると，内部監査人や監査等委員の補助者の役割における重要性は増加していくものと考える。

　今回は8社についてヒアリングを実施しているが，「ヒアリング実施企業の基本情報」の「会社の規模」の欄を見るとわかるように，大きな開きがあることがわかる。専任の内部監査人が2名以下という視点で検討すると，一般的な中小上場会社というイメージとは異なってくる。たとえば，A社は飲食店を全国的に展開しており，連結売上高が500億円以上であるが，専任の

内部監査の人数は2名であった。また，D社には内部監査部門は存在していないが，内部統制報告制度に関しては，内部統制評価は他部署による評価を実施していた。何のために手続が必要かを意識させ，仕事でミスが生じたときは，内部統制のルールを見直すなど従業員が日常的に意識させる体制としており，独自に機能する仕組みを構築していた。

2. 個別ヒアリング結果

　ヒアリングでは，事前に12ないし13の質問項目を送付し，質問項目を中心に説明いただくとともに，説明内容についての詳細な質疑を実施している。質問項目が12ないし13と差が生じているのは，8社の中に3社（F社，G社，H社）が「開示すべき重要な不備」を公表した会社であり，この3社については，「開示すべき重要な不備」への対応に関しての追加質問を実施したからである。

　平成23年3月に金融庁総務企画局から公表された「内部統制報告制度に関する事例集」では，事業規模が小規模で，比較的簡素な構造を有している組織等を前提に，資源の制約等の下，さまざまな工夫を行い，内部統制の有効性を保ちつつも，効率的に内部統制の評価等を意識して取りまとめている。ヒアリングで意識していることは，このさまざまな工夫を探りたいということである。

　たとえば，内部監査の人員が少人数という問題に関しては，①内部監査時に監査等委員や経理担当取締役が同席により効率性と実効性の確保を図るケース（F社，NO.6），②業務リスクの見直しは，社長と監査室で意見交換（B社，NO.3），③外部専門家の活用（G社・H社，NO.6），④内部統制評価は他部署による評価を行っている（D社，NO.6）等が挙げられている。特に，④は全社員の内部統制意識の高まりと，他部署の業務の理解が進み，縦割りの弊害の発生を防ぐことにつなげたいということで，「何のためにこの（内部統制の）手続が必要なのか」を全従業員が日常的に意識して行動できていると感じると言われており，内部統制報告制度を前向きに経営に役立て

ようとしている点は興味深い。

　また，IT の活用として，IT 統制を活用できるかぎり自動化（バッチ処理・データ自動転送）をする（A 社，NO.11）など，いくつかの会社で IT 統制の有効性・効率性を意識していることが述べられた。さらに監査法人についても，経理の人員が辞めて不足したときに，社長は補充しなくても大丈夫と思っていたが監査法人から補充は必要と言ってくれた（G 社，NO.5）など，具体的なアドバイスについてのメリットを挙げているケースがあった。

　ヒアリング結果の詳細は割愛するが，中小上場会社ではガバナンスが大規模な上場会社よりも重要と考え，この観点での質問項目や不正会計につながりやすい決算・財務報告プロセスにおける見積り項目，見積りに関連する事業計画策定プロセスに関する内部統制の整備・運用等についても質問項目としている。内部統制をマニュアルで考えてはいけないということは常識であるが，ヒアリングにおいては，各社が独自に多くの工夫を行っており，改めてマニュアルを脱却して，企業により適合したオーダーメイドとする重要性を強く感じた。

Ⅲ. 個別ヒアリング結果

NO.1 金融商品取引法の内部統制報告制度と会社法の内部統制，それぞれへどのように対応されていますか？

A社	【会社法】全社に当たる部分を監査法人からのチェックリストを元に内部監査部で対応。金商法の1/10程度だが引当金，減損等の会計中心。 【J-SOX】法定の枠組み通り（全社，業務，決算財務プロセス）。
B社	【J-SOX】 • 経理部門に会計士が在籍していたので，内部統制の評価は監査室から経理部門に移管していたが，その会計士が辞めた。人に依存しているため，退職とともに形骸化した。 • 内部統制の評価を，2018年度から監査室に戻す。 【会社法】 • 監査室で対応している。 • 内部監査は部署をまたぐ改善指摘を行いリスク調整することが仕事である。 • 監査室は2名体制になった。1名が新任であり後任の育成が課題である。
C社	【J-SOX】 • J-SOX事務局（7〜8名）が内部統制の構築および整備運用評価を行っている。 • J-SOX事務局は，内部監査室，コーポレート本部をはじめ，全社から選出している。事務局長は内部監査室長が務めている。 • J-SOX事務局は評価範囲の選定案を作成し，監査法人との協議を終え，「内部統制評価実施計画書」を作成し，経営会議への付議を行っている（9月）。 • これを踏まえ，キックオフミーティングを開催している。キックオフミーティングには，事務局メンバーが参加し，前年度活動の振り返りや当年度の役割分担等を実施している。 • その後は，J-SOX事務局各員が分担に基づき，3月にかけて評価活動を行っていく（定例ミーティング等は実施していない）。 • 監査法人には，事務局レビュー（会社評価）が完了したところから，評価結果を提出していっている。 • 4月に評価未了のコントロールを除いた評価結果を，中間報告として取締役会に報告している。 • 6月に全評価を完了させ，7月に最終報告を取締役会に報告している。 【会社法】 • コーポレート本部が主体となって対応している。その際，常勤監査役と連携し，指示を受け，報告を行っている。 • 現在のところ，金商法の内部統制活動との統合・すり合わせは行っていない。
D社	• J-SOXと会社法の内部統制は分けて考えておらず，同時に推進している。 • 意思決定機関として内部統制委員会を設置し，本社および子会社に内部統制プロジェクトチームを設置し，内部統制の構築評価を推進している。 • 内部監査室は存在しておらず，内部統制評価は他部署による評価を行っている（例：経理業務は総務部メンバーがチェックする　等）。これにより全社員の内部統制意識の高まりと，他部署の業務の理解が進み，縦割りの弊害の発生を防ぐことにつなげたいと考えている。
E社	【J-SOX】 • 業務活動の遂行に対して独立した5部署が分担して，内部統制の整備及び運用の状況を調査し，その改善事項を報告する体制としている。

E社	・分業体制の内容：全社統制担当 (経営企画室・経営監査室) 業務プロセス担当 (経理部門・現業2部門)。 ・監査法人とサンプルも共有している (「一心同体」でダイレクトレポーティングに近い形)。もう少し経営者主導で実施すべきとの監査法人からの指摘もある。 【会社法】 ・法令等の遵守体制に係る各種関連規程を制定し，その徹底を図るため，コーポレートガバナンス委員会を設け，同委員会を中心に，法令等の遵守に向けての全社的な取り組みを行う。 ・全ての役員及び使用人に適用される倫理規程を制定し，その周知徹底を図る。 ・反社会的勢力との関係を遮断するために，警察，弁護士等の外部機関との連携強化を図るとともに，それらの不当要求につながる手口とその対策をマニュアル等で示し周知する。 ・コーポレートガバナンス委員会内に法令違反行為等を匿名で通報できる社内通報窓口を設置し，その周知に努める。社内通報制度においては，弁護士等の社外専門家への通報経路を確保することによりその利用を促進し，不正等の早期発見と是正に努める。 ・当社及び当社グループ会社の内部監査を行う社長直轄の内部監査部門を置き，コーポレートガバナンス委員会と連携の上，コンプライアンスの状況を監査する。これらの活動は定期的に社長及び監査役会に報告されるものとする。
F社	【J-SOX】 ・内部統制の評価は経営企画室で行っている。 ・三点セットの内，業務記述書は未作成 (フローで対応)。評価の見直しを実施している。内部監査でフローについて業務記述書の内容を組み込んでいる作業をしている。 【会社法】 ・内部監査室が対応している。 ・業務フローの重点項目 (法令遵守，個人情報など) をチェックしている。現場の人も入れて，5W1Hの明確化，リスクの明示を行っている。
G社	【J-SOX】 ・内部統制の評価は内部監査室で行っている。 ・内部監査室は室長1名の体制である。もう1人いたが定年退職で辞めたので人を増やしたいが，中小企業診断士の資格を持ちJ-SOX経験者であるコンサルタント (40代) に週1回進捗確認に来てもらってカバーしている。 ・月に1回1部署往査して取締役会で指摘事項等を取締役と監査役に対して同時に報告し，その後，改善報告をもらうようにしている。 ・組織変更が多いことや退職者が多くてヒアリング対象者が辞めるので，往査計画通りにいかない。 【会社法】 ・資本金が5億円未満なので会社法監査は受けていない。 ・以前は内部通報の窓口が，会社内部の人事総務や監査役であったが，今は顧問でない第3者である会社外部の弁護士にお願いしている。
H社	【J-SOX】 ・2016年頃から2018年2月内部監査部門が欠員になり，外部の専門家 (会計士) に経営者評価業務を委託している (J-SOX導入時にコンサルをしてもらった会計士であり，会社業務をよく理解していた)。 ・2018年2月から内部監査部門に1名移動。さらに，外部に委託し，内部監査実施のコンサルティングを受け，2～3年かけ内製化していく予定 ※2017年4月に監査法人の指導を受け，2018年3月までに内部監査の欠員を解除するよう指導されていた。今後はCIA (内部監査資格) 保有者のアドバイスを受け，社内内部監査部を充実していく。 【会社法】 (法務・コンプライアンス部門で実施している模様)

NO.2 コーポレートガバナンス・コードへの対応はどのようにされていますか？

A社	• 二年前に制定, 公表して取り組みについては社長に報告。 • 往査は経理課と内部監査部で実施。内部監査部としては社内における確認が不十分と感じている。
B社	• 準備は経営企画部門が行ったが, 全役員が入って直接取締役会で検討した。当時は監査役設置会社であった。
C社	• コーポレート本部が主体となって対応している。その際, 常勤監査役と連携し, 指示を受け, 報告を行っている。
D社	• 総務部が中心に対応している。総務部がガバナンスコードの1つ1つの項目を理解し, つぶしこんでいっている。 • 総務部がまとめたものを経営協議会, 取締役会を通じて承認, 最終化している。 ※経営協議会は常勤の取締役および常勤の監査役により構成された, 取締役会の前段となる会議体。
E社	コーポレートガバナンス・コードの原則を適用しない事項と理由を以下抜粋。 ①取締役会の役割・責務 　• 事業の特殊性から, 数値による中期経営計画は作成していないが, 中長期的な課題認識を行った上での中長期的な経営戦略については, 半期毎の決算説明会および決算説明会資料において適宜報告している。 ②独立社外取締役の有効な活用 　• 社外取締役2名, 社外監査役が3名の内, 社外取締役1名, 社外監査役3名は独立役員として登録。よりよい経営判断を行う環境を整備するためにも, さらなる独立社外取締役の選任について引き続き検討する。 ③社外取締役の有効な活用 　• 独立社外取締役を新たに1名選任。今後独立社外監査役との情報交換・認識共有を図る体制を構築する。 　• 指名・報酬などの特に重要な事項に関する検討に当たって, 今後独立社外取締役の関与・助言を得る体制を構築する。
F社	• 経理担当取締役が対応。取締役会で確認。 • 社外取締役が過半数。無理な計画などしっかりチェックしてくれる。
G社	• 抽象的な基本原則が遵守されていれば良いというレベルである。補充原則の対応までは未了である。
H社	(法務・コンプライアンス部門で実施している模様)

NO.3 内部統制の整備・運用や内部監査の実施に関し, 経営者の理解・協力はどの程度得られていますか？

A社	・内部監査部の中で要員は3名 (業務監査＋J-SOX)。 ・往査終了時に社長報告。取締役会には四半期＋組織変更時。 ・IT化への対応等の監査業務の効率化は不十分と判断。 ・旅費については必要なだけもらえている。 ・予算制約はないが, 人員は増やせない状況。
B社	・社長と監査室とのコミュニケーションは良い。 ・社長が現場に行くと本音が出ないが, 監査室長には本音を出す。監査室長は経営的な観点で行動し, 監査の枠を越えている。 ・業務リスクの見直しは, 社長と監査室で意見交換している。 ・現場からの業務上の相談は, 本来は業務部門のラインで来るべきであるが, 監査室長経由で社長に上がってくる。 ・過去, 内部通報は1件もない。
C社	・経営者はJ-SOXの取り組みについて十分理解している (No.1の結果に記載の通り, 監査役の関与があり, 経営会議および取締役会への報告も行っている)。また, 内部統制・内部監査の重要性について経営者の理解がある。 ・内部監査室による業務監査報告を社長, 常勤取締役, 常勤監査役向けに年5～6回実施している。 ・内部監査室は経営会議の議事録を閲覧しており, 不明点については会議事務局・発言者に確認することができる (以前はオブザーバーとして出席していた)。
D社	・経営陣が内部統制にかなり理解がある (現在の代表取締役がJ-SOX導入時に経理部長として担当していたなど, 経営陣が高い意識をもっている)。 ・トップの内部統制への意識の高さが, 統制環境の向上につながり, 組織全体のきめ細やかな対応につながっている。 ・この結果, 経営協議会に全社のリスク・課題についての情報が上げられ, 議論される土壌ができている。
E社	・財務報告に係る内部統制については, 現在はNo.1に記載の分業体制を取っており, 所管担当役員の理解は得られている。 ・今後体制の見直しに向けた検討を開始したところ。 ・経営者の理解を得るには, ①実のある監査報告ができていること, ②リスクの共有をどのくらいできるか, ③「ギョッ」とさせること, が重要を考えている。
F社	・上場準備対応もあり, 業務フローはしっかりできている。入社した人がすぐにわかるレベルに引き上げたい (現場)。 ・内部監査の監査時に監査等委員が同席し, 同時進行 (別の視点で実施)。効率性と実効性の確保にもつながる。 ・経理担当取締役も同席しており, 経営陣による理解・協力が得られている。 ・内部統制報告制度に関して, スタートを早めて前期に初めての内部統制報告監査を実施した。
G社	・社長は外部の声には耳を貸す。
H社	・年に数回程度内部統制委員会を開催している。委員会には, 管理本部長 (常務取締役) が委員長を務め, 各部部長職クラスが参加し, 監査指摘事項※について内部統制の改善を実施している。 ※J-SOXおよび監査役監査の指摘事項の両方を対象としている。また, 取引先からのBCP取り組み状況確認の対応も含む。

NO.4 三様監査（内部監査，公認会計士監査，監査役監査等）について，連係の状況・コミュニケーションの頻度などをお聞かせください。

A社	・監査法人との関係：年4〜5回（会計監査時に必要に応じて報告）。 ・監査役との関係：年4回＋J-SOX1回。子会社往査の直後に報告。
B社	・監査等委員には常勤はいない。 ・月1回，監査等委員会と監査室のコミュニケーションは行われている。 ・監査法人の内部統制監査時には監査室長が立ち会っている。 ・監査法人の監査等委員会への報告時には，経理部門，監査室も同席している。
C社	・内部監査と監査役の連携はかなり取れている。現在は，常勤監査役と必要な都度柔軟にミーティングを行っている。（以前は定例ミーティング形式であった） ・実態としても，J-SOX評価範囲決定の際のコメントや，期中においても業務の流れを理解した上でのコメントがなされている。 ・監査役と公認会計士の間でも四半期に一度のミーティングが実施されている。 ・内部監査と会計士との連携も行われている。1,2カ月に1回，監査法人の往査時に打ち合わせの場が持たれている。 ・常勤監査役と社長も月に1回のミーティングを実施している。
D社	・内部監査部門は存在していない。 ・公認会計士と監査役のミーティングは年2回（12月および4月）に実施されている。金商法および会社法の内部統制について意見交換を行っている。
E社	・J-SOX向け内部監査は，評価の過程で会計監査人と緊密な連携を図っている。 ・その他の内部監査については，担当部署（経営監査室）の責任者が毎月の監査役会に陪席して監査結果を共有するとともに各監査役と意見を交換している。 ・社長への報告は毎月1回行っている。 ・公認会計士監査は，四半期に1回，四半期決算のレビュー結果，通期決算の監査結果などを経営監査室及び各監査役と共有。
F社	・業務フローはしっかりできているという認識。 ・内部監査の監査時に監査等委員が同席（別の視点で実施）しており，両者の連携は図られている。 ・年1回，三様監査の関係者全員が参加して打ち合わせをしている（監査等委員と会計監査人の会合に内部監査人も同席） ・監査等委員と会計監査人は四半期に一度，定期的な会合。
G社	・3ヶ月に1回，四半期毎に行っている会計監査人と監査役との打ち合わせに参加している。社長と副社長も参加している。 ・会計監査人からは決算における注意点，監査役からはリスク，内部監査室長からはJ-SOXの進捗報告を行っている。
H社	・常勤監査役によりリスク評価，監査がしっかりと取り組まれている。常勤監査役は，取締役会，幹部会にも参加し，アドバイスを実施している。 ・監査役会は機能し積極的に役割を果たしている。 ・監査役と外部監査人との打ち合わせは定期的に行われている模様。

NO.5 金融商品取引法の内部統制報告制度において，会計監査人による指導的機能の適切な発揮はなされていますか？

A社	・監査法人からは他社事例を聞くなど役立っている。 ・アドバイスは積極的にしてくれる。質問に対する回答による指導はもらえている。 ・期初にサンプル数などを相談して決めている。
B社	・監査法人の窓口は経理部門になっているが，経理部門は決算に関わる部分だけを取り組んでいる。 ・会社の方針や経営者の取り組みに当たるものに対する監査法人がにおわせているものを報告できていない。
C社	・近年は会社の組織構造や業務フローが大きく変わっていないこともあり，監査法人による指導はあまり行われていない。 ・J-SOX導入当時に3点セットについて，コントロールの整備状況についての指導は行われていた。 ・近年では，不正防止対応として，サンプル数の増加（例えば：統制頻度が随時の場合25件⇒40件）についての提言がなされた。
D社	・初年度対応はかなり大変であり，監査法人のアドバイスも受け，内部統制の構築評価を進めた。 ・本社はトランザクション量が少なく，会計処理に関する適切なアドバイスを受けながら進めている。 ・子会社においては，トランザクション量が多く，より業務実態に応じた評価活動となるように，重要度の低い業務については絞り込み，重要度の高い業務については追加するよう監査法人からアドバイスをされている。この他，内部統制構築評価上の課題については，適宜監査法人と協議しながら進めている。
E社	・会社の内部統制の状況に沿った有益な助言をもらっている。 ・監査法人との関係は良好。
F社	・大手監査法人から中小監査法人に変わって，以下のメリットを感じている。 ①疑問へ速やかに対応してくれる（実質的な面）。質問をして24時間を超えることはなく，相談しやすい。 ②合理性のある根拠のある回答が得られる ③内部統制報告制度では，整備・評価に関して，杓子定規な対応をしない ④無駄を省いた対応 ⑤責任を持った対応 ・また，相手に合わせたレベルでの回答をしてくれる。会計監査チーム内のコミュニケーションがしっかり取れている。 ・大手の時代では，アサインされたスタッフのレベルが低い（相談に対して），実務面での不安を感じていた。
G社	・アドバイスはくれる。例えば，経理の人員が辞めて不足したときに，社長は補充しなくても大丈夫と思っていたが監査法人から補充は必要と言ってくれた。
H社	・外部監査人から経理体制，内部統制体制等について指導，アドバイスが行われている。 ・担当ベースではより踏み込んだアドバイスを行ってもらえるケースもある。

NO.6 少人数で内部監査を実施する場合の困難さや課題を克服するために，どのような工夫をなさっていますか？

A社	・経営インパクト重視で優先順位付している。 ・IT統制をしっかりやってIT統制依拠戦略により必要プロセスやサンプル数を減らしている。 ・要員不足もあり，世代交代への対応が不十分である。 ・少人数のためやれる範囲が限られる。時間的制約がある。 ・情報収集の為，日本内部監査人協会法人会員に登録。
B社	・社長直轄の監査室長がすべてを1人で担っている。組織での対応にはなっていない。 ・少人数なので個人のスキルをベースとしており，特にコミュニケーション面で優れている。
C社	・組織そのものが大きくないこともあり，現在は少人数であることで金商法対応として直接的に困っていることは少ない（J-SOX事務局を設置している）。 ・ただ，内部監査（業務監査）が現在のやり方で良いのか考えることがある。組織が大きく変わらないことで新しい指摘事項が出にくくなっている。今後，監査手法を変えていくことも考えている（部全体を監査する現在のやり方から，特定の業務を詳細に監査する手法を取り入れる等）。 ・当年度の監査内容に合った監査シートフォーマットの作り方を工夫することで効率的に進められるよう配慮している。
D社	・内部監査室は存在しておらず，内部統制評価は他部署による評価を行っている（例：経理業務は総務部メンバーがチェックする　等）。これにより全社員の内部統制意識の高まりと，他部署の業務の理解が進み，縦割りの弊害の発生を防ぐことにつなげたいと考えている。 ・前向きな考え方で取り組むことによって，より付加価値の高い取り組みとしたい。 ・当社は，少人数の従業員から成り立っており，「何のためにこの（内部統制の）手続が必要なのか」を全従業員が日常的に意識して行動できていると感じる。 ・小規模組織で内部統制への意識を高く維持するには，①経営トップの理解と，②複数の従業員の理解が必須。 ・①として，仕事で何かミスが生じた時には内部統制のルールを見直す，②として，監査法人からの提案を受けたり，社外の内部統制に関する研修に参加する際は，必ず複数の従業員が関与することを意識している。
E社	・財務報告に係る内部統制についての内部監査は，No.1に記載の分業体制をとるとともに，会計監査人から助言をもらい実施。 ・業務監査については，これまで監査範囲及び監査手続きを限定して実施していたが，リスクアプローチその他の体系的な監査にはなっていないため，フレームワーク及び監査体制を見直しているところ。 ・リスク評価においては，情報のタイムリーかつ正確な入手が重要であるため，取締役会への陪席権が欲しい。
F社	・内部監査は専任で実施。 ・内部監査の監査時に監査等委員が同席し，同時進行（別の視点で実施）。効率性と実効性の確保にもつながる。 ・経理担当取締役も同席している。 　コミュニケーションツールを使って，監査の目的，項目，日程，提出の書類，質問の内容を担当者と上長の全員へ送っている。事前準備に加えて，事後でも利用している。1：1でやり取りできるツールも活用している。 ・全ての証跡等は文書化しており，実施手続，フォローアップも文書化している。

G社	①コンサルを入れて対応する 　J-SOXで外部の専門家を活用している。 ②監査対象を集約する 　業務監査では本部という大きなくくりでみることにし, 管理本部として集約している。 ③システムで対応する 　NTTのBPM業務改善プラットホームINTRA-MARTを導入しカスタマイズして使っている。コントロールしたい, チェックしたい項目が一目で見られる監査レポート (売上レポート, 承認者一覧, 外注書一覧等) を出力している。ベンダーと包括契約をして, 2名体制での改修対応をお願いしている。改修が必要な場合はシステム部に要望を出してベンダーに伝えている。ベンダーとの会議はSKYPEで行う。経営者はフルオートメーションを目指しており, IT対応はどんどん進め, システムによる統制は活用するように言われている。
H社	• 外部専門家の活用 (内部監査業務の委託や, 内部監査内製化のためのコンサルティングを受けている)。 • 子会社において全従業員あての無記名アンケートを実施した。この結果, ヒヤリ・ハットや労務管理をはじめとした各種課題が抽出され, 業務改善に役立った。

NO.7 決算・財務報告プロセスにおいて，いわゆる見積り項目（税効果会計・貸倒引当金など）の評価に関する内部統制はどのようなものを具備していますか？

A社	• 減損（金額，妥当性エビデンスの確認，赤字店舗はガイドライン通り），資産除去債務は対象外。
B社	• 見積りの決定プロセスに対して内部統制をかけている。 • 決定内容については評価していない。
C社	• 見積り項目としては，貸倒引当金，固定資産減損，未払法人税，税効果等の分野がJ-SOX上評価対象となっている。 • これらについては，バックデータ（事業計画，固定資産棚卸結果等）も含めて評価を行っている。
D社	• 経理計算に関しては，以下のような統制を実施している 　異なる計算式で算出し，一致するか確認する。 　総務と経理でそれぞれ別々に計算し，一致しているかチェックする。 　上席者の承認。 • 貸倒引当金は，貸倒実績が発生していない。税効果については，建物建て替えの際に大きな繰越欠損金が発生し，回収可能性の議論が行われた。会計士とも協議しつつ対応した。 • 税務申告書の作成まで自社内で実施している（作成後，外部の税理士が確認・申告）。判断に悩む際には，外部の専門家に早めに相談するようにしている。
E社	• 公認会計士資格を有する経理部門の責任者（執行役員）が見積項目の評価に関与しており，関連する事業情報を会計監査人とも共有しながら適切な評価を行う仕組みとしている。
F社	• 税金計算，棚卸資産，引当金は個別に運用評価している。エクセルで作成しているが，手順を決めてマニュアル化（ある面ではパッケージ化）している。 • 税金計算は税理士とも調整して確認。スケジューリングについては，経理担当取締役が公認会計士でもあり，計画自体のチェックは社外取締役が過半数でもあり，厳しくなされる。
G社	• エクセル数値をもとに仕訳を行い，管理本部長が承認している。 • 会計事務所にいたことにあるコンサルが入って，見積り項目ごとに連結・単体のチェックリストを作成している。
H社	• 本社の経理財務法務コンプライアンス部門の人員は合計で4名となっている。 • 人員の制約から，社内のダブルチェック状況が必ずしも十分でなく，また相談に乗れる体制が整っていない（外部監査人の指摘もあり，今後充実させていきたい）。この結果，会計ルールの変わった箇所や連結財務諸表作成，開示関連については弱みを持っていると認識している。実質上決算業務要員は1人。

NO.8　NO.7 について，特に事業計画との関連が大きいですが，事業計画策定プロセスに関する内部統制の整備・運用についても併せて実施されていますか？

A社	• 事業計画：店舗部分は経営企画部が作成し社長承認。 • 中期計画：3年単位だが1年ごとにローリング。 • 店舗別予算：ハイペリオン（WEB版）で管理。
B社	• 基本的には対応していない。 • 一部業務監査で確認している。
C社	• 事業計画は経営管理部門，コーポレート部門を中心に，各部門も交えて行っている。3月の経営会議・取締役会にて承認されるようにプロセスが整備されている。
D社	• 売り上げ水準が一定しており，利益水準の管理がしやすいということもあり，事業計画を定例的には作成していない（建物の建て替えの際に，銀行提出用に作成する程度）。
E社	• 社内規程に定められた重要な事業については，所定の手続により事業計画を稟議し機関決定している。
F社	• 社外取締役が過半数であり，担当は経理担当取締役が対応。経理担当取締役が公認会計士でもあり，計画自体のチェックは社外取締役が過半数でもあり，厳しくなされる。
G社	• 年度予算は管理本部長がたたき台を作成し，社長・副社長はじめ各役員が事前に目を通した上で，役員会で審議を行って決定する。 • まずトップが売上，利益を決めて，部門予算に落とし込んでいく。組織変更があるから大変である。 • 常に3年分の中期計画を立案しているが，ローリングはできていない。
H社	• 中期経営計画を策定しており，例えば固定資産減損の判断などはこれを考慮した上で行っている。

NO.9 業務プロセスに係る内部統制（又はその評価）について，選定プロセス，リスクやキーコントロールの内容，評価手続，各種規程・マニュアル等に関する定期的な見直しは実施されていますか？

A社	・売上，仕入，棚卸資産について実施（親会社のみが評価対象）。 ・各部で3点セットについては定期的に見直しを実施。 ・組織変更が多いため，その都度コントロールの変更やプロセスの修正を実施したり，キーコントロールを見直している。 ・サンプル数はMAX25件。母集団の大きさによってサンプル数は減らしている。 ・キーコントロール数：61個（全コントロール数：122個）。
B社	・経理部門が実施している間は見直されていない。
C社	・選定プロセスは毎年見直しをおこなっている。 ・リスクや評価手続きについても見直しを行っている。毎年6〜8月にかけて，組織変更や業務変更を反映し，評価シートの反映を行っている。 ・効率化・創意工夫としては，ITACの前年度評価の継続利用を行っている。業務プロセス（人的コントロール）については，敢えて前年度評価の利用，ローテーション等の施策は実施していない（内部統制の質を落とさないため）。
D社	・内部統制規程を制定している。その他各種規程類は必要なものを一式作成しており，イントラでも紙でも見られるようにしている。規程類は最終改定日の管理も行っている。 ・業務プロセスの評価においては，3点セットを完成させている。仕事で何かミスが生じた時には内部統制のルールを見直すようにしている。ただ，業務自体の変更が少ないため，規程・文書類の修正は微修正程度となっている。 ・棚卸しについては，改善の余地があると認識しており，バーコード・ICチップの導入等の改善も検討している。 ・内部統制評価におけるサンプル数は一般的なものを使用している。
E社	・必ずしも定期的には実施していないが，例えば，実際のプロセスが3点セット記載の内容と乖離していることがわかった場合には見直すようにしている。 ・棚卸資産（仕掛品）の個別原価の積算は非常に細かく実施している。 ・作成文書は全部で20程度（文書ごとにキーコントロールを2〜3個設定）。
F社	・内部監査で，業務フローの重点項目（法令遵守，個人情報など）をチェックしている。 ・現場の人も入れて，5W1Hの明確化，リスクの明示を行っている。
G社	・組織変更が多く，3点セットは毎年変更している。 ・もともとソフトを使ってJ-SOXコンサルが作成したものがあったが，今はエクセルベースで1から作っている。 ・開示すべき重要な不備が出た次の年から，監査法人からもらった業務フローと業務記述書がセットになった雛形をベースに作成している。
H社	・J-SOX導入当初に，マニュアル・文書類を策定し，その後見直しを行っていない。 ・外部監査人からもわかりにくいとの指摘を受けており，また，現場の理解も十分進んでいない。今後，外部の専門家を活用し，見てもらう予定。 ・経理・内部統制関連の用語がわかりづらく，一般の従業員まで落とし込みづらい状況となっている。

NO.10　子会社における内部統制の整備・運用と評価のそれぞれについて，どのように行っていますか？

A社	・規程は親会社のものを準用している。 ・海外子会社は年1回 (コンプライアンス中心で実施)，国内は年4回往査 (会計中心で実施)。
B社	・監査室長が計画および実施している。 ・監査等委員が監査役を兼務している子会社もある。 ・管理部門要員が監査役を兼務している子会社もある。
C社	・子会社には親会社からの出向者がおり，それらのメンバーが各社におけるJ-SOX内部統制の管理窓口となり，内部統制の構築・維持にあたっている。 ・J-SOXの内部統制の評価については，本社メンバーが子会社内部統制の評価を行っている。 ・創意工夫としては，子会社は親会社と同じシステムを使用しているため，親会社でまとめて評価を行う等の工夫をしている。また，CLC (全社統制, COMPANY LEVEL CONTROL) については，子会社特有の項目に絞って評価を行っている。 ・子会社ではコンプライアンス教育を実施している (内部統制に特化した研修は実施されていない)。 ・子会社管理としては，事業管理責任者会議を開催している (月次，2時間程度)。 ・子会社社長・本社本部長 (事業責任者)・代表取締役・常勤取締役・執行役員および常勤監査役が参加し，各社の状況について報告・議論がなされている。
D社	【内部統制の構築】 ・特に研修等は行っていないが，経営トップの意識が高く，管理職全員が内部統制プロジェクトチームメンバーに指名されている。 ・何年か評価活動を繰り返すうちに，各部従業員が自発的に内部統制の質を向上させていった (毎月の伝票類の整理・管理の向上，タイムリーな承認申請など)。当初内部統制の評価が集中する2月は残業が多かったが，内部統制の質の向上により，改善するようになっていった。 ・本社と子会社が同じ建物内に所在しており，すぐにコミュニケーションが取れる状態になっている。 ・月に1度開催される経営協議会は，本社の協議会後，続けて子会社の協議会がなされるようになっている。 【内部統制の評価】 ・子会社については，営業関連を経理課長が，経理関連を企画業務部長が評価をする体制になっている。 ・子会社におけるサンプリングの負担が重いため，経営者評価と監査人監査のサンプルを同時に抽出する等して負荷を軽減する工夫を行っている。
E社	・評価対象：連結子会社10　持分法適用会社1 (評価対象外：連結子会社16　持分法適用会社1)。 ・重要性の観点から，一部の子会社についてのみ整備・運用し，評価は財務報告に係る内部統制の評価基準に則って行っている。
F社	該当なし
G社	・親会社のホールディングスは持株会社である。親会社と事業会社の1社が評価対象であり，実質的には評価対象となる子会社はない。
H社	・業務プロセスは本社のみ，全社統制は国内子会社1社を対象にしている。 ・構築・維持および評価については，直近まで，外部の専門家 (会計士) に委託していた。 ・研修等の教育は実施していない (NO.6において記載した無記名アンケートを実施した)。 ・J-SOX対象拠点以外については，明示的な内部統制の取り組みは実施していない (海外子会社は現地にすべて委任)。

NO.11 IT統制への取組みについての現状と課題についてお聞かせください。

A社	・J-SOX対応で監査法人のIT監査を受けている (IT全般統制)。 ・できる限り自動化をしており, バッチ処理・データ自動転送を活用。 ・監査法人のデータ要求は年々大きくなり増加している。 ・CAAT (COMPUTER ASSISTED AUDIT TECHNIQUES：コンピューター利用監査技法) の導入を検討している。 ・システム投資は店舗業務関係が多い。
B社	・監査室が整備, 評価している。必要があれば経営者に提言がされている。
C社	・J-SOXにおいては, ITACは, 会計システムのもののみを選定している (その他業務システムは存在しているが, 人的 (マニュアル) コントロールがキーコントロールとなっている)。 ・これにより, ITGCも会計システムのみを対象として評価している。この他, ITCLCを評価している。 ・中長期の課題として, 経営陣もIT戦略に関して問題意識を持っている。 ・現在, 全社各部門に業務システムが導入されており, 将来的にはこれらをまとめられればと考えている。 ・この際には, 評価対象コントロールを人的 (マニュアル) コントロールからシステムコントロールに変えていければと考えている。
D社	・「財務会計システム」, 「固定資産管理システム」は, 市販のパッケージソフトウェアをカスタマイズ無し・保守サービス締結して使用しているため, 特記する課題は無い。
E社	・現在はIT全般統制に依拠しない評価を行っている。 ・今後は, 依拠した評価による効率化を検討している。
F社	・工事台帳 (原価管理) に関して, COBOLを使用しており, 言語対応を実施中。 ・ITの領域は少ないため, アクセスコントロールが中心である。できるだけパッケージソフトを使用する方針。
G社	・まだ紙ベース。ITを活用していくが情報セキュリティのリテラシーを高める必要がある。 ・経理は親会社も子会社も勘定奉行を使っている。 ・基幹システムはAWSクラウドを使用し, SOC2を入手し情報セキュリティは担保している。 ・他にNTTのBPM業務改善プラットホームINTRA-MARTを導入しカスタマイズして使っている。 ・統制としての承認の件数が多いので形式的になっている可能性があるが, 担当者がしっかりしているのでめくら判でも結果的に合っている。 ・これに対しては, モニタリング機能・項目を洗い出し, 外部にアウトソースすることが考えられる。ITACも活用することが考えられる。
H社	・10年ほど前に投資し, 業務システムを導入したが, 十分なものではなかった。 ・現在, 社内にITプロジェクトリーダーを選任し, さらに中小機構から専門人材をアドバイザーとして派遣してもらい, IT戦略を練っている。RFPを作成し, 対応可能なベンダーを現在選定中である。基本的に社内にIT評価のスキルはなく, 保有者の採用も困難。 ・連結に関しては, システムは利用しておらず, エクセルベースで管理している (担当に依存)。

NO.12　今後の金融商品取引法の内部統制報告制度について，ご意見があればお聞かせください。

A社	・J-SOXの導入という大義名分で内部統制が社内に浸透したことは良かった。 ・できれば期ごとに監査範囲のローリングを行いたい。 ・リスク評価をしっかりすることが重要と考えている。 ・毎年同じ項目を同じように見ているだけで良いのか，と心配になることもある。 ・組織変更でより効率化を図ることを取り組んでいる。
B社	特になし。
C社	・J-SOXを実施したことにより，業務の改善や内部統制意識の向上，牽制力の強化などの効果が得られた。しかし，特に構築当初はお金がかかり，費用対効果は悪いのではないかという印象を持っている。 ・J-SOXをしっかりやっても不正を見つけるのは難しいとの感覚がある（会計監査をしっかりやる方が効果はある）。 ・財務報告以外の内部統制（例えば，品質等）の重要性が上がってきていると感じる。 ・当初より問題視されていたが，J-SOXは日本の企業風土に適していないように感じる。
D社	・J-SOXが入って，仕事量が増えることになった。当初はそこまでやるのという疑問も社内から出た。 ・一方，内部統制の取り組みを全社に広げた結果，他部署の業務内容がわかるようになったり，証憑の整理が進むなどのメリットもあった。
E社	・内部統制の有効性評価におけるダイレクトレポーティングの容認。 ・子会社を含め，経営陣との共通のものさし・スタンダードが確立されていない 　→新COSOレポートを基準として活用すべき。 ・どの程度内部統制基準に準拠して評価できているか?（大企業のようにできているのか?） 　→経営者の内部監査に対する意識がまだまだ低い，監査人材の確保（質・量ともに）が困難，アウトソーシング・コソーシングの活用促進（委託内容の適正性と知見の獲得）。 ・内部通報制度の周知徹底が重要。
F社	・会社が行っていることを外部から見てもらうことはいいのではないか（見える化）。 ・会計監査人が現場を理解できなくなっているという認識。表面的なチェックになってしまう。
G社	特になし。
H社	・上場を維持していく中ではJ-SOXのような取り組みに対応していくことも必要と考える。一方，中堅・中小上場企業に対する緩和策が存在しても良いのではとも思う。

NO.13 過去に「開示すべき重要な不備」として問題となった内部統制について，どのような対応をされましたか？

F社	• 過去に「開示すべき重要な不備」を開示している。全社的な内部統制，決算・財務報告プロセス及び業務プロセスに関する内部統制の不備は「開示すべき重要な不備」に該当すると判断した。 ①会計処理に関する検討（見直し） ②コーポレートガバナンスの強化（監査等委員会設置会社への移行等） ③コンプライアンスの役職員の意識向上のための施策 ④内部管理体制，業務体制の見直し（内部監査室の充実，規程やマニュアルの整備，外部の内部通報用窓口の設置，会計システムにおける対応，証憑などを取得する手続の見直し等）
G社	• 基幹システムには債権管理の機能がなく，債権の個別消し込みが不十分で残高確認の差異調整に不備があったが，NTTのBPM業務改善プラットホームINTRA-MARTというシステムを導入して改善を実現している。
H社	• 招集通知を発行した後に，決算書の誤りに気が付いた。チェックリストの見直し不足に起因するものであった。これが開示すべき重要な不備として扱われた。 • 再発防止策として，チェックリストの修正を行った。具体的には，誤りはエクセル上の転記作業において発生したものであった。このため，エクセルシートを検証しやすいようにフォーマットを作り直した（監査法人からのアイデアの提供を受け，修正した）。

索　引

【執筆者紹介】〔担当章〕（執筆順）

中村　元彦（なかむら・もとひこ）〔序章・第4章・第5章Q1・付録〕
　編著者紹介

堀江　正之（ほりえ・まさゆき）　〔第1章・第3章・付録〕
　日本大学商学部教授

遠藤　元一（えんどう・もとかず）〔第2章・第5章Q3・付録〕
　東京霞ヶ関法律事務所，弁護士

雑賀　努（さいか・つとむ）　〔第3章・第5章Q2・Q5・第9章・付録〕
　㈱ニイタカ監査室長

上木　恒宏（じょうき・つねひろ）〔第5章Q4・Q7・第8章・付録〕
　ICS LLC 代表社員，CIA，CCSA，中小企業診断士

南　成人（みなみ・なるひと）　〔第5章Q6・第7章・付録〕
　仰星監査法人理事長，公認会計士

小倉　親子（おぐら・ちかこ）　〔第6章・付録〕
　(株)ビューティガレージ執行役員，公認会計士

【編著者紹介】

中村　元彦（なかむら・もとひこ）

千葉商科大学大学院会計ファイナンス研究科教授，博士（政策研究）
公認会計士，税理士，CISA（公認情報システム監査人），公認不正検査士（CFE）。
1988年慶應義塾大学経済学部卒業，2015年千葉商科大学大学院政策研究科単位取得退学，2016年博士（千葉商科大学大学院政策研究科）。
日本公認会計士協会常務理事（2013〜2019年），情報処理技術者試験委員を務め，日本公認会計士協会各種委員，経済産業省企業のIT統制に関する調査検討委員会作業部会委員（2007年），経済産業省中小企業政策審議会臨時委員（中小企業政策審議会"ちいさな企業"未来部会委員）（2013年）等を歴任。

〈主要著書〉
『IT会計帳簿論—IT会計帳簿が変える経営と監査の未来—』（白桃書房，2018年）
〈日本内部監査協会 第32回（2018年度）青木賞〉
『試験研究費の会計と税務（第2版）』（共著，税務研究会，2015年）
『ITのリスク・統制・監査』（共著，同文舘出版，2009年）
ほか多数。

2020年11月25日　　初版発行
2023年1月10日　　初版5刷発行　　　　　　　略称：中小内部統制

中小上場会社の内部統制
—実務上の課題と提言—

編著者　　中　村　元　彦

発行者　　中　島　豊　彦

発行所　同 文 舘 出 版 株 式 会 社
東京都千代田区神田神保町1-41　〒101-0051
営業（03）3294-1801　　編集（03）3294-1803
振替 00100-8-42935　http://www.dobunkan.co.jp